BERRYER

1790-1868

OUVRAGES DE LA MÊME SÉRIE

Grand in-8°, de 160 pages.

Une Héroïne chrétienne sous la Terreur.

Paysans et Ouvriers (*Héros et Martyrs*).

Les Aveugles célèbres.

Gerbe d'Histoires, *offerte à la Jeunesse chrétienne.*

Son Eminence le Cardinal Mermillod

Frédéric Ozanam.

Frères et Sœurs.

Dévouement.

La Madone de Campocavallo.

Lacordaire.

Sous le ciel d'Afrique. — *Récits d'un Missionnaire.*

Montalembert.

Berryer.

Pierre LEMOYNE

BERRYER

1790-1868

ABBEVILLE

C. PAILLART, IMPRIMEUR-ÉDITEUR

des Brochures illustrées de Propagande catholique

1897

AVANT-PROPOS

De tous les dons si généreusement départis à l'homme et qui font sa puissance, le plus beau, le plus fécond est celui de la parole.

Si la gloire du conquérant séduit et enivre, celle de l'orateur élève et captive davantage : à l'auréole du premier s'ajoute involontairement le souvenir du sang et des larmes des vaincus, les triomphes de la parole ne soulèvent qu'une admiration sans mélange.

Or, en notre XIXe siècle, un homme s'est rencontré qui a mérité le titre de « Prince des Orateurs français » ; cet homme, — grand entre tous, — c'est BERRYER.

Pendant soixante années, serviteur fidèle d'une cause vaincue, défenseur de la vérité opprimée sous toutes ses formes, il a fait triompher le bon droit, ou tout au moins en a imposé le respect à ses adversaires.

Servi par une éloquence irrésistible, dont l'humanité a fourni bien peu d'exemples, Berryer tire encore sa gloire d'un caractère qui, par sa grandeur et sa noblesse, a conquis l'admiration d'un siècle si difficile et si jaloux.

Dix-sept fois il voit changer le gouvernement de son pays sans changer lui-même, et sa longue carrière politique de soixante ans de luttes ne trahit ni une bassesse, ni une altération de la vérité !

Devant ce génie de la parole humaine, devant cette unité de vie incomparable, la postérité tout entière s'incline et la gloire dépose la couronne d'immortalité sur le front d'un des plus illustres de ses fils.

Naguère encore, c'était des lèvres du grand Pape des temps modernes que tombait l'éloge ; Léon XIII, préoccupé des destinées de la France et appelant de ses vœux le sauveur de notre malheureux pays, s'écriait en levant les bras au ciel :

« — Où est Berryer ? où est Berryer ?... »

Ces paroles ont inspiré ce livre....

Hélas ! depuis bientôt trente ans, la dépouille du grand orateur sommeille à Augerville, mais le cercueil ne le contient pas tout entier. Si sa bouche muette ne peut plus faire entendre les paroles de feu qui soulevaient les assemblées, de sa tombe s'élève une voix capable de proclamer à la face de notre siècle expirant, les principes qui font les hommes d'honneur et de devoir. Elle fera retentir les leçons qui enseignent aux partis à oublier leurs querelles mesquines et leurs vues étroites, pour ne songer qu'à la grande cause de la Religion et de la Patrie.

Susciter cette double passion en l'âme de la jeunesse chrétienne, tel est le but des pages qui vont suivre ; puissent-elles être bénies du ciel et porter leur fruit !....

P. L.

BERRYER

1790-1868

CHAPITRE PREMIER

Jeunesse de Berryer.

La Famille. — Juilly. — Les amitiés de Collège.

I

Pierre-Antoine Berryer naquit à Paris, au Cloître-Saint-Merry, le 4 janvier 1790.

Le nom qu'il devait illustrer n'était pas inconnu. A cette époque, son père, Pierre-Nicolas Berryer, était déjà un avocat distingué ; en remontant dans l'histoire, celui-ci pouvait citer l'un de ses ancêtres qui, avec le titre de comte de la Ferrière, faisait partie des conseils de Louis XIV. Louis Berryer, conseiller du Roi, était contrôleur général des titres et offices de France, en même temps que directeur de la Compagnie des Indes Orientales.

Son petit-fils, Pierre-Michel, moins favorisé de la fortune, avait exercé à Sainte-Ménehould la profession plus modeste de verrier, mais il voulut que son fils aîné, Pierre-Nicolas, le père de notre héros, reprît les traditions de famille et se consacrât à l'étude du droit. Dans ce but il l'envoya à Paris en 1774.

Le jeune homme était muni d'une lettre de recommandation pour l'un de ses parents, M. Delacroix, qui occupait près du ministre Turgot des fonctions équivalentes aujourd'hui au titre de sous-secrétaire d'Etat.

Sous ce patronage, et avec l'aide plus efficace encore du désir d'arriver, Pierre-Nicolas ne tarda pas à se faire remarquer parmi les plus jeunes membres du barreau de Paris. Il avait un organe dont la sonorité séduisante captivait immédiatement son auditoire. On raconte que lorsqu'il plaida pour la première fois devant la grande chambre du Parlement, cette voix le fit écouter par l'imposante assemblée avec un si religieux silence que le jeune avocat, se méprenant sur la cause de ce recueillement, tomba sans connaissance en terminant sa plaidoirie.

Ces succès rapides lui permirent d'épouser Mademoiselle Anne Gorneau, fille d'un procureur du Roi, que son vaste savoir et sa longue expérience avaient investi d'une sorte de magistrature, et qui, sous la Restauration, mourut conseiller à la cour royale de Paris.

De cette heureuse alliance naquirent quatre enfants : une fille et trois fils. La fille épousa M. Janson de Sailly et, plus tard, le duc de Riario Sforza. L'aîné des garçons était Pierre-Antoine, le futur orateur ; ses frères s'appelaient l'un, Hippolyte ; — il est mort général de brigade ; — l'autre, Ludovic ; il est resté moins connu.

La tourmente révolutionnaire, en renversant le trône et bouleversant le royaume, vint troubler, dès ses premiers jours, le bonheur des jeunes époux. Déjà le 14 juillet 1789, l'avocat, qui remplissait les fonctions de secrétaire au conseil d'administration de son district, avait été témoin d'un hideux spectacle. En pleine séance, alors que Pierre-Nicolas lisait le procès-verbal, une horde furieuse passe devant la salle et présente à la fenêtre ouverte des têtes sanglantes portées au bout de longues piques ; sur l'un de ces visages on reconnait encore les traits de l'infortuné gouverneur de la Bastille. Saisi d'horreur, Berryer s'affaisse et ne peut continuer sa lecture ; la séance est suspendue.

Ce n'était que le prélude de journées plus sanglantes encore. L'heure allait venir où les massacres envelopperaient dans leur exécution sanglante une partie des citoyens les plus honnêtes. Berryer se fit un devoir de prêter le secours de sa parole à plus d'une noble infortune et de disputer au bourreau les têtes que la Révolution lui envoyait.

Lorsque la Convention eut résolu de juger Louis XVI, plusieurs avocats se réunirent pour délibérer sur la conduite qu'ils tiendraient au cas où le roi ferait appel au dévouement de l'un d'entre eux. Berryer était du nombre; ils décidèrent que tous s'uniraient pour encourir les mêmes responsabilités et pour aider de leurs conseils celui que Louis XVI choisirait. Mais le monarque prit ses défenseurs en dehors de ce groupe et ses membres n'eurent pas à exécuter leur généreux projet.

Pendant toute la période de la Terreur, Berryer défendit, au péril de sa vie, de nombreux accusés et ne craignit pas de cacher des émigrés dans sa propre habitation.

Un jour son dévouement faillit lui coûter la vie. Témoin de sa générosité, un député le dénonce à la Convention. Il s'agit de faire retirer la plainte immédiatement ou la vie de Berryer est compromise. L'avocat, père de famille, court vite implorer le secours de son camarade et ami, Bourdon de l'Oise, qui siège à la Convention comme député.

« Au moment où j'arrive, a raconté lui-même Berryer dans ses *Mémoires,* au moment où j'arrive, Bourdon entre par une autre salle, traînant avec fracas dans les corridors le grand sabre avec lequel il a vaincu la Bastille. » Le Conventionnel écoute son ami et prend sa cause en mains; en conséquence il force le dénonciateur à déclarer publiquement qu'il s'est trompé et que le citoyen Berryer est au contraire un excellent patriote.

L'avocat est sauvé et retourne près de son épouse qui attend, anxieuse, le résultat des démarches de son mari. Mais à quelques jours de là, cette femme généreuse ne craint pas d'exposer sa propre vie, pour aller solliciter de Fouquier-Tinville la grâce d'une personne qui lui est chère.

Confiante dans le succès de sa démarche, parce que son mari a rendu quelque service au fougueux démocrate, elle prend dans ses bras son fils Pierre-Antoine et se présente devant le tribunal révolutionnaire. « Avec ses épais cheveux bruns, l'éclat de son teint, ses yeux noirs pleins de flamme, sa grâce intelligente et fière, » Madame Berryer était belle et capable d'attendrir les juges les plus féroces; elle exposa noblement sa demande, et Fouquier, la regardant avec une sorte de convoitise féroce, se contenta de lui répondre : « Sais-tu, citoyenne, que ta tête serait charmante à voir rouler sur l'échafaud? »

Mais si Madame Berryer et son mari échappèrent à la mort, leur famille ne manqua pas de payer le tribut à l'échafaud. Le beau-frère de Berryer, M. Gorneau, qui habitait le château de Coyes, près Senlis, fut accusé d'avoir composé une chanson satirique contre les tyrans. Instruit qu'on venait pour l'arrêter, il s'évada et se cacha dans la forêt. Mais les bourreaux, furieux d'arriver trop tard, s'en prirent au frère de la victime, un jeune homme de vingt ans, qui paya de sa tête un épigramme dont il ne connaissait même pas l'existence.

Un autre membre de la famille devait aussi verser son sang pour sa fidélité à la cause monarchique. A l'instigation de Lafayette, le Conseil municipal de Sedan refusa de reconnaître l'autorité des trois commissaires envoyés en cette ville par l'Assemblée législative pour préparer la République, et les fit arrêter, puis relâcher le lendemain. Le fait semblait oublié, quand, deux ans après, le Comité de salut public manda à Paris les vingt-quatre membres qui composaient alors la municipalité de Sedan. Parmi eux se trouvait un oncle de Berryer, M. Pierre Varroquier, chirurgien habile dont le désintéressement était apprécié dans tout le pays. Malgré les efforts entrepris pour sauver les innocentes victimes, les vingt-quatre têtes roulèrent sur l'échafaud, et le deuil entra une fois de plus dans le cœur de la famille de l'avocat.

Pierre-Antoine était trop jeune pour comprendre les périls et les angoisses qui planaient alors sur la tête des siens, mais, plus tard, quand les révélations de sa famille vinrent lui apprendre ces faits terribles, il en conçut une haine intense contre la tyrannie et le despotisme, haine dont nous retrouverons bientôt sur ses lèvres l'éloquente expression.

II

Avec la chute de Robespierre, une paix relative succéda à l'effusion du sang français. Pierre Berryer entrait dans sa septième année et son père devait songer à son éducation; le 30 avril, l'enfant franchit le seuil du collège de Juilly où ses deux frères ne tardèrent pas à venir le rejoindre.

Il y avait un an à peu près que la célèbre école, fermée pendant les jours mauvais, s'était rouverte sous le nom d'Ecole secondaire. Située en pleine campagne, à huit lieues de Paris (1), au milieu des fertiles et riants coteaux de la Brie, nul établissement n'était mieux fait pour arracher l'enfance à l'impression des scènes sanglantes de la Terreur.

« La nature, avec ses vastes espaces, ses ormes séculaires, ses salles de verdure, ses eaux majestueuses, ses grands silences, soudain interrompus par la joyeuse rumeur des récréations, semblait conspirer pour effacer du cœur des écoliers les souvenirs des hommes et leur

(1) Juilly est situé dans le département de Seine-et-Marne, canton de Dammartin, à treize kilomètres de Meaux.

rendre, dans la tranquillité sereine de ses horizons, le sentiment de la sécurité et de la paix...... Au sortir d'une époque et d'un monde où tant de ruines avaient été faites, tant de croyances détruites, tant de gloires nationales méconnues et outragées, les élèves de Juilly rencontraient partout, dans les traditions de l'école, dans l'histoire attachée à ses murs, dans les noms que gardaient ses annales, des enseignements de foi, de patriotisme et d'honneur.

« Les plus grandes figures des deux derniers siècles avaient paru à Juilly, et leur empreinte y était comme visible. C'était à Juilly que s'étaient formés ces enfants qui devaient un jour s'appeler le maréchal de Berwick et le maréchal de Villars. C'était vers Juilly que Turenne, méditant de se retirer à l'Oratoire après sa dernière campagne, avait tourné ses regards; au moment de prendre le commandement de l'armée d'Allemagne, il avait appelé à lui le supérieur de Juilly, le P. de Saint-Denys, et lorsqu'à Salzbach un boulet ennemi frappa le héros, ce fut ce religieux qui célébra au camp, au milieu de la douleur universelle, le premier service pour le repos de son âme. Sous les ombrages de Juilly, Malebranche avait promené sa candeur et ses profondes pensées. Dans la chapelle du collège avait prêché Bossuet. La maison faisait partie de son diocèse. Le grand évêque aimait à la visiter; il y trouvait, comme il l'écrivait lui-même, *la fleur de l'Oratoire,* l'élite de cette communauté qu'il avait en prédilection (1). »

En 1796, ces jours de gloire n'étaient qu'un souvenir, il est vrai; l'école n'avait que cinq professeurs et comptait seulement vingt-cinq élèves qui étaient venus chercher, sous l'habile direction du P. Prioleau, le secret des fortes études classiques, et surtout l'avantage plus précieux encore d'une éducation chrétienne.

(1) M. Ch. de Lacombe. *La Jeunesse de Berryer*, 2e édition, page 22. — Voir aussi Ch. Hamel. *Histoire de l'abbaye et du collège de Juilly.*

La maison n'avait pas de brillantes ressources, et le Supérieur lui-même ne dédaignait pas de revêtir une blouse de travail pour remplacer les jardiniers qu'on ne pouvait payer. La chapelle portait encore les traces du passage des révolutionnaires envoyés de Meaux pour piller le collège; et dans les corridors, par dessus les noms mal effacés de Bossuet, de Malebranche et de Massillon, on lisait les noms sanglants de Marat, de Couthon et de Robespierre.

Le P. Prioleau, homme actif et énergique, sut triompher de toutes les difficultés; et dès 1797 — l'année de la rentrée de Pierre Berryer — le collège comptait cent élèves. Bientôt ce chiffre fut doublé et presque triplé.

Le jeune Pierre se trouva de suite à l'aise dans ce nouveau milieu. Sa belle figure d'enfant, expressive et pleine de franchise, son humeur enjouée lui attirèrent bien vite les sympathies de ses maîtres et de ses condisciples; et le don de gagner les cœurs, qui le distingua toute sa vie, se montra dès ses premières années de collège.

Berryer ne fut pourtant à Juilly, il faut l'avouer, ni un modèle de travail, ni un modèle de sagesse. Vif et pétillant d'esprit, on était sûr de le voir mêlé à tous les tours d'écolier; et certains couplets malins témoignent qu'il se permit un jour de chansonner ses maîtres. Mais le bon P. de Rochas, qui avait excité la verve de Pierre, fut le premier à trouver la plaisanterie fine et aimable et à demander la grâce du coupable, en disant : « Qu'il a d'esprit! Quel dommage qu'il ne travaille pas! »

En effet, Berryer, sans se refuser entièrement au travail, ne s'y livrait qu'à ses heures; son occupation favorite était d'élever des lézards qu'il comblait des attentions les plus délicates. Souvent il les introduisait dans ses poches, les rentrait au dortoir pour les soustraire à la fraîcheur des nuits, et malgré les avertissements et les pensums du P. Prioleau, poussait la condescendance jusqu'à aller leur acheter du lait dans une ferme voisine.

— Quels jolis animaux!.... disait-il à ses amis. Ce sont

les êtres les mieux organisés de la création : ils aiment la musique et le soleil !....

C'est que Berryer éprouvait déjà pour la musique un attrait qui devait devenir une véritable passion. Tout enfant, il s'échappait de la maison paternelle pour courir au devant des fanfares militaires, et restait en extase à écouter les sons de l'orgue et le carillon des cloches.

Pour les versions et les thèmes, l'écolier au contraire ne sentait qu'un faible enthousiasme ; il ne pouvait venir à bout des devoirs que lui imposaient ses maîtres. L'un d'eux, lassé de cette apathie devant laquelle tous ses efforts étaient restés inutiles, s'en plaignit un jour amèrement au P. Supérieur, lui disant qu'il désespérait de Pierre Berryer.

« Le Supérieur, qui était un homme de sens, augurait autrement du jeune insouciant. Il le fit venir et lui dit : « Le travail vous ennuie, mon enfant, et vous pensez que le bonheur consiste à ne rien faire. Eh bien, venez dans mon cabinet, vous me regarderez travailler, cela ne vous fatiguera pas, et vous ne ferez rien, mais entendons-nous bien, rien au monde, ce qui s'appelle rien ! » Qui fut ravi, ce fut l'enfant. Le voilà établi dans le cabinet de l'oratorien, qui travaille sans plus s'occuper de lui que s'il était un meuble de l'appartement.

« La première heure s'écoula au gré de l'écolier : il écoutait les idées mutines qui gazouillaient dans sa tête d'enfant, il narguait de loin son régent de classe et se félicitait de n'avoir ni à ouvrir son dictionnaire ni à apprendre par cœur son rudiment. Au bout d'une heure et demie, il avait sufffsamment savouré les félicités de la fainéantise. Il allongea son petit bras pour prendre un livre ; l'oratorien le retira aussitôt.

Mon enfant, lui dit-il, vous oubliez nos conventions, vous ne devez rien faire ; lire, c'est faire quelque chose. Jouissez de la permission que je vous ai donnée, ne faites rien.

L'enfant commençait à trouver que le plaisir de ne rien

faire devient rapidement monotone. Il hasarda quelques questions, l'oratorien ne répondit pas. Puis quand il fut arrivé au bas de la page qu'il écrivait :

— Mon enfant, lui dit-il, chacun a son goût. Vous avez celui de ne rien faire, moi j'ai celui de travailler ; je ne vous trouble point dans votre repos, ne me troublez pas dans mon travail.

Le jeune Berryer ne put s'empêcher de se dire intérieurement qu'il lui serait difficile de prendre longtemps son bonheur en patience. Au bout de trois heures, l'oratorien se leva et alla dire son bréviaire sous les beaux ombrages du parc de Juilly.

— Bon ! dit l'enfant en lui-même, me voilà relevé de ma faction, je vais m'amuser maintenant.

Dès qu'il fut dans le jardin, il voulut quitter l'oratorien et aller se mêler à ses camarades, qui faisaient une joyeuse partie. Le Supérieur le retient par le bras :

— Mon enfant, vous ne songez pas à nos conventions : jouer, c'est faire quelque chose. Restez à côté de moi, nous irons et reviendrons d'un bout à l'autre de cette allée ; seulement, vous pourrez vous asseoir si vous êtes fatigué (1). »

La nature ardente de Berryer n'y tint plus, et les larmes aux yeux, il dit au P. Prioleau qu'il comprenait la leçon et promit de se corriger. C'est ainsi qu'avec les âmes généreuses, point n'est besoin en éducation de longs pensums et de fastidieuses réprimandes.

Berryer se mit donc au travail et révéla bientôt son goût pour nos grands classiques, surtout Racine et Bossuet ; il cultiva également les vers latins et les vers français et envoya un jour à son père une poésie française en l'accompagnant de ces lignes : « Tu vas trouver sans doute que je te demande plus que je ne vaux. J'ose te prier de m'envoyer une édition de Boileau avec des notes.

(1) Alfred Nettement. *Berryer au Barreau et à la Tribune.*

Où peut-on mieux apprendre et se perfectionner qu'à l'école de ce grand maître ! »

A cette époque, le grec était facultatif dans les études et était enseigné par des répétiteurs particuliers, Berryer voulut l'apprendre ; bientôt il en sut assez pour correspondre en cette langue avec un de ses amis.

Mais ce qui, dès cette époque, frappa le plus les professeurs de Juilly, ce fut le talent de Berryer pour la déclamation, et « lorsqu'il récitait de sa voix si douce, si claire et si pénétrante à la fois, maîtres et élèves l'écoutaient ravis, comme s'ils pressentaient que cet enfant deviendrait un jour le premier orateur de son temps et de son pays (1). »

En effet, personne à Juilly ne doutait de la supériorité de Berryer Ses maîtres disaient de lui, en le montrant aux plus forts élèves de la classe : « Vous êtes heureux qu'il ne travaille pas ; s'il le voulait, il vous dépasserait tous. » Il eût pu vraiment emporter la palme dans tous les concours. Vaincu dans une composition, il lui venait parfois la fantaisie de promettre sa revanche à ses heureux émules, et il réalisait sa promesse.

Les dons de l'intelligence n'étaient pas les seuls qui le distinguaient à l'attention de ses maîtres ; chez lui le cœur était au moins aussi riche que l'esprit. Nous avons déjà dit combien son visage franc et ouvert lui gagnaient les sympathies, mais sous cette apparence séduisante, il y avait un trésor de délicatesse et de générosité dont les effets étaient plus sûrs encore. Un trait va nous en donner la preuve.

C'était un jour de distribution des prix et Berryer pouvait compter sur quelque triomphe ; malheureusement, une escapade des jours précédents lui avait valu une forte réprimande du supérieur qui crut devoir, sans l'en prévenir, lui retirer toute récompense. Au moment

(1) E. Lecanuet, prêtre de l'Oratoire. *Berryer, sa vie et ses œuvres.* 6e édit. p. 10.

Madame Berryer et son fils devant Fouquier-Tinville.

solennel, son nom ne fut pas appelé, et le pauvre écolier ne put dissimuler un vif chagrin qui se trahit par une explosion publique de larmes...

Mais la fête continue et voilà que le nom de Berryer est proclamé ; c'est son frère Hippolyte qui, plus heureux, va recevoir un prix... Oubliant son mécompte, Pierre se précipite sur son frère, qu'il félicite et embrasse avec la plus grande tendresse, devant tous ses camarades émus. Quelques années après, un ami, témoin de cette scène, la lui rappelle en ces termes :

« Embrasse pour moi ton bon petit frère, embrasse-le aussi tendrement que tu le fis le jour de la distribution des prix lorsqu'il monta sur le théâtre pour recevoir le fruit de son travail. Dans ce moment où tes yeux étaient baignés de larmes, où tu regrettais encore les prix que tu avais perdus, tu vois passer ton petit Hippolyte ; à l'instant ta tristesse fait place à la joie, tu prends part à son triomphe, tu l'arrêtes et tu l'embrasses tendrement, après l'avoir toi-même couronné de lauriers. Que ce baiser seul, mon cher ami, prouve bien la bonté de ton cœur (1) ! »

La bonté, Berryer l'avait reçue avec la vie, il n'eut pas à en faire l'apprentissage à Juilly ; mais ce qu'il trouva de particulièrement précieux dans cette célèbre école, c'est une foi religieuse profonde.

Dès son entrée, il y rencontra un prêtre d'une grande vertu et d'un grand cœur qui exerça sur sa jeunesse la plus heureuse influence. Toute sa vie durant, Berryer resta reconnaissant au P. des Essarts d'avoir veillé sur son âme fragile d'enfant, et un pied dans la tombe, ce grand orateur écrivait encore au commandant Ordinaire :

« La mémoire du bon P. des Essarts m'est restée toujours présente et vénérée... Il eut pour mon enfance étourdie des indulgences et une bonté touchante, qui pouvait être,

(1) *Papiers de Berryer*. Lettre de la Roche-Lambert à Berryer, 7 septembre 1805.

comme on vous l'a dit, une prédilection. Il me fit appeler à l'heure de sa mort : agenouillé au chevet de son lit, je pleurai sous la main déjà glacée qu'il posa sur ma tête ; je reçus sa bénédiction et son dernier soupir. Mon deuil fut partagé par tous mes camarades, qui firent poser sur sa modeste tombe ces simples mots : *Amici mœrentes posuere.* »

Ce prêtre vertueux avait été chargé de préparer Berryer à sa première Communion ; celui-ci, comprenait le prix du bonheur qui l'attendait, mais souvent la légèreté et la paresse lui faisaient commettre des fautes incompatibles avec une bonne préparation. Il négligea son catéchisme, et quand vint le jour de l'examen qui précédait l'admission définitive, Berryer se vit ajourner à l'année suivante.

Ce fut en vain que l'enfant témoigna, par ses larmes, du repentir et du chagrin qu'il éprouvait, l'arrêt était définitif ; la première Communion allait avoir lieu et Berryer ne serait pas du nombre des heureux privilégiés.

Cependant il avait suivi les exercices de la retraite et il assistait la veille de la fête avec les autres enfants aux préparatifs du lendemain, quand l'inadvertance du maître ou plutôt la voix secrète de la Providence le désigna pour lire à haute voix les actes qui précèdent la communion.

Berryer commence la lecture, mais bientôt son âme, déjà émue par la grandeur du sacrement et par le regret de n'en point approcher, se trouble et se soulève ; des larmes coulent de ses yeux et sa voix entrecoupée fait pleurer ses camarades. Le P. des Essarts n'y tenant plus, s'approche de Pierre et lui dit :

« Mon enfant, vous ferez demain votre première Communion. Il est vrai que vous ne savez pas votre catéchisme, mais vous le comprenez, c'est encore mieux... et je pardonne à votre tête, grâce à votre bon cœur... »

Le lendemain en effet, 29 mai 1803, Berryer goûtait le

bonheur de l'enfant qui reçoit son Dieu pour la première fois, et l'évêque de Meaux, Mgr de Barral confirmait plus de 12,000 personnes réunies dans une grande allée du parc de Juilly. C'était la première fois que, depuis la Révolution, la confirmation se donnait dans le diocèse, et les paroissiens des environs étaient venus se mêler aux élèves du collège.

III

On a retrouvé dans les *Papiers* de Berryer, un souvenir de ce grand jour. C'est une image au verso de laquelle sont écrits ces mots :

JOSEPH-CLÉMENT DE LA ROCHE-LAMBERT

A FAIT SA PREMIÈRE COMMUNION

dans l'église du collège de Juilly, le 29 du mois de mai 1803.

—

ANTOINE-PIERRE BERRYER

A FAIT SA PREMIÈRE COMMUNION

dans la même église de Juilly, le même 20 mai de l'année 1803.

C'est que les deux enfants qui suivaient la même classe et venaient de goûter le même bonheur, étaient déjà unis par les liens d'une amitié que la mort seule devait rompre.

Au sortir du collège, les deux amis se suivirent à Paris, mais pendant que Berryer songeait à l'étude du droit, Joseph de la Roche-Lambert entrait à l'école militaire de Fontainebleau. « Au bout de trois mois, il en sortait sous-lieutenant. Le voilà, officier de dix-sept ans, au quartier impérial ! Quel enivrement ! Les troupes françaises bondissaient alors d'un point de l'Europe à l'autre. Leurs étapes s'appelaient Berlin, Dresde, Naples, Lisbonne, Burgos, Madrid. La Roche-Lambert est à Friedland ; il entre à Berlin ; il assiste aux fêtes de Tilsitt. L'enthousiasme des combats résonne comme un clairon dans ses lettres ; mais il n'oublie ni Berryer, ni Juilly. En 1808, il passe en Espagne, et durant trois années, la correspondance se continua. « Quand viendra le jour heureux où nous aurons la douce satisfaction de nous trouver réunis ? » écrit-il, le 5 avril 1811, à son ami.

« Puis le silence se fait. Les lettres de Berryer se succèdent. Pas de réponse. Etonné, inquiet, il écrit au colonel du 116e de ligne, à ce « père des officiers, » comme l'appelait la Roche-Lambert. Enfin, il reçoit cette lettre : « Monsieur, vous me demandez des renseignements sur le sort de M. de la Roche-Lambert, ex-lieutenant de grenadiers du 1er bataillon de mon régiment. Ce jeune et brave officier a été tué le 28 juin 1811, au siège de Tarragone, en montant à l'assaut. » — Berryer ressentit longtemps la perte de son ami (1). »

Il est un autre enfant portant un nom illustre, dont l'affection partagea le cœur du jeune Berryer. C'est Christian de Chateaubriand. Gais et pleins d'entrain, les deux enfants avaient beaucoup de points de ressemblance ; mais Christian était d'une piété singulière. Plus régulier que son camarade, il donnait à tous l'exemple du devoir. Arrière-petit-fils de M. de Malesherbes, Christian avait, le même jour, perdu son bisaïeul, son grand père et sa grand'mère, son père et sa mère, morts pour le Roi sur l'échafaud.

On eût dit que tous les talents et toutes les vertus de la famille s'étaient concentrés sur l'orphelin. Son professeur de seconde, le P. Huré, un classique passionné, ne

(1) Charles de Lacombe. *Vie de Berryer*. T. 1er, p 36.

parlait qu'avec dédain du *Génie du Christianisme,* et en regardait l'auteur comme un novateur dangereux. « Un jour de composition, il donne à ses élèves ce sujet : « La Fête-Dieu. » Christian copie naturellement la belle description de Chateaubriand. Il est premier et le P. Huré, enthousiasmé, s'écrie : « Jeune homme, vous êtes plus fort que votre oncle ! »

« Il y avait dans ce fils des martyrs, ajoute le P. Lecanuet, l'étoffe d'un saint. Sa piété, dit Berryer, était angélique. Souvent dans leurs promenades et leurs causeries intimes, Christian abordait les questions les plus élevées ; l'âme ardente de Berryer s'enflammait aux paroles de son ami. « Il faut, disait-il, que nous entrions dans l'Eglise ! » Christian seul y devait entrer. Comme officier de la garde royale, il prit une part brillante à l'expédition d'Espagne. En descendant de cheval, il allait à la Sainte Table. On ne s'en moquait point, car sa bravoure et sa bienfaisance étaient l'admiration de ses camarades. En 1827, Chateaubriand, ambassadeur à Rome, rencontra près du Colisée un prêtre à chapeau rabattu, à robe traînante et déchirée, qui conduisait une pension de jeunes garçons. « Passant près de lui, dit-il, je le regarde, je lui trouve un faux air de mon neveu Christian de Chateaubriand, mais je n'osais en croire mes yeux. Il me regarde à son tour, et sans montrer aucune surprise, il me dit : « Mon oncle ! » Je me précipite tout ému et je le serre dans mes bras... Il m'apprit qu'il était chargé de la préfecture des études au collège des Jésuites. Je lui demandai s'il était heureux, il me répondit : « J'ai souffert longtemps ; maintenant mon sacrifice est fait et je me trouve bien... » Christian, ajoute Chateaubriand, passe les nuits à prier ; il se livre à des austérités dont ses supérieurs sont effrayés. Une plaie qui s'était formée à l'une de ses jambes, lui était venue de sa persévérance à se tenir à genoux des heures entières. Jamais l'innocence ne s'est livrée à tant de repentir. Je le regarde comme un saint, je l'invoquerais volontiers... »

Et parlant à Berryer, le grand écrivain disait : « Savez-vous bien que je baisse les yeux devant lui (1) ! »

L'amitié de Christian de Chateaubriand eut une grande influence sur la formation chrétienne de Berryer et c'est à elle que nous devons attribuer les velléités de vocation sacerdotale dont nous serons bientôt témoins. L'enfant eut encore d'autres condisciples célèbres : parmi ceux-ci, il faut citer un des frères de Napoléon, Jérôme Bonaparte qui devint roi de Westphalie.

Sa présence à Juilly valut à l'établissement plusieurs visites du premier consul, auxquelles Berryer faisait plus tard allusion à la tribune parlementaire.

« — Il m'en souvient, disait-il avec émotion ; je vous demande pardon : je ne pensais pas m'abandonner ici. C'est un des touchants, des nobles souvenirs de mes premières années... Le vainqueur d'Italie vint à nos portes, à Dammartin, à une lieue de Juilly. Deux cent cinquante enfants, rassemblés par douze ou quinze Pères de l'Oratoire, furent au devant du premier consul. Je vois encore la belle figure du P. Lombois, ses longs cheveux blancs, sa longue robe noire, quand, s'approchant de Bonaparte, il lui dit :

— Général, les maîtres qui ont formé Desaix, Casabianca et Muiron, ont l'honneur de vous présenter leurs élèves.

— Ils sont en bonnes mains, répondit le vainqueur d'Italie. Et en disant cela, il nous regardait comme pour nous recommander de respecter les religieux qui nous avaient amenés auprès de lui.

Les deux condisciples se retrouvèrent plus tard ; Berryer prêta le secours de sa parole à son camarade de collège, mais celui-ci ne lui en garda guère de reconnaissance.

(1) Le P. Lecanuet. *Berryer*, p. 13, et Chateaubriand, *Mémoires d'Outre-Tombe*, t. v.

D'autres visiteurs célèbres parurent à Juilly et frappèrent l'imagination du jeune Berryer ; c'était M. de Fontanes, grand maître de l'Université de France ; c'était le cardinal Maury qui, à la prière du Père Supérieur, récitait devant les élèves son grand discours à l'Assemblée Constituante pour la défense de l'Eglise.

« Puis on se montrait parfois, glissant le long des murs, dans les corridors de la maison, un personnage de renommée sinistre, aux allures inquiètes, aux yeux fixes et ternes, à l'étrange pâleur, devenu un fonctionnaire important de l'Empire, après avoir été un des plus affreux sicaires de la tyrannie révolutionnaire : c'était l'ancien proconsul de Lyon, Fouché, passé ministre de la police impériale, comte de l'Empire, et bientôt duc d'Otrante. Fouché avait commencé sa carrière dans les rangs de l'Oratoire ; il avait professé à Juilly et à Nantes, dans les collèges de la congrégation. Associé aux dignités du nouveau régime comme à ses attentats, ce grand coupable était tourmenté du besoin de revoir la maison où il avait obscurément coulé les années les plus pures et sans doute les plus heureuses de sa vie... et où il cherchait un refuge contre la justice de Dieu et de la postérité (1). »

Tant de souvenirs rendirent chère à Berryer son école de Juilly, il dut cependant la quitter en 1806, à la fin de sa rhétorique ; mais ce ne fut pas sans faire la promesse de la revoir souvent. En effet, les réunions d'anciens élèves, les distributions de prix, le ramenèrent fréquemment dans ces murs témoins des jeux et des travaux de ses premières années. Un jour qu'il était appelé à l'honneur de présider la distribution des récompenses, il apporta aux élèves enthousiasmés, les prix qu'il avait obtenus lui-même autrefois et il les distribua aux lauréats en leur disant :

« Heureux collège de Juilly !..... J'ai connu ces der-

(1) M. de Lacombe, *Jeunesse de Berryer*, p. 40.

niers hommes de la libre et sainte institution de l'Oratoire. Comment oublier les soins qu'ils donnaient à la Jeunesse, l'effusion avec laquelle ils prodiguaient leur vigilance et leur tendresse pour éclairer l'esprit et guider le cœur ! Tendresse, vigilance, qui pouvaient défier et la sagesse d'un père et le cœur d'une mère !

« Aussi croyez-moi, Messieurs, bien souvent, au milieu d'une carrière orageuse, dans ces jours malheureux où il est encore plus difficile de bien connaître son devoir que de l'accomplir, à travers ces graves peines de la vie qui troublent le cœur, qui peuvent l'irriter et peut-être susciter en lui des révolutions mauvaises, souvent je me suis recueilli, souvent je me suis rappelé les enseignements de mes maîtres, et que de fois j'ai trouvé, dans ces précieux souvenirs, les plus salutaires conseils ! »

Berryer aimait tellement Juilly qu'en 1854, il songea à quitter son château d'Augerville pour venir s'y fixer dans une maison isolée et presque en ruine, située à l'extrémité du parc et qui s'appelle encore la maison Berryer. Le grand orateur voulait alors quitter le théâtre de la lutte pour venir dans la solitude préparer son âme à paraître devant Dieu. Ce projet ne reçut pas de suite ; il restait encore à Berryer de longues années à vivre et la Providence lui réservait l'honneur de mourir sur la brèche.

Néanmoins le souvenir de l'homme célèbre est vivant à Juilly, et dans la salle des fêtes, on voit son buste placé en face de celui de Bossuet, non loin de ceux de Villars, de Berwick et de Montesquieu.

CHAPITRE II

Berryer avocat.

Choix d'une carrière. — Premiers procès. — La Société des Bonnes Etudes.

I

En quittant Juilly, Berryer avait seize ans : il était trop jeune encore pour entreprendre une carrière. Son père, qui comprenait l'importance des fortes études classiques, lui fit refaire sa rhétorique au lycée Bonaparte.

Le jeune homme s'y montra élève sérieux et vit son nom figurer avec honneur dans les palmarès ; ses papiers contiennent un fragment d'étude sur Pascal qui révèle un esprit solide en même temps que brillant. On conserve aussi de lui tous les agendas de cette époque et on y voit que sa distraction régulière des dimanches était de se rendre au pied de la chaire où M. de Frayssinous (1) tenait toute une jeunesse studieuse sous le charme de ses conférences.

Captivé par l'ascendant de l'étiquette, Berryer ne connaissait pas de plus beau triomphe que celui de la parole ; il en rêvait déjà pour lui-même. Les orateurs qu'il avait entendus jusqu'alors étaient des prédicateurs, et pour lui l'éloquence revêtait forcément un caractère religieux. Aussi il ne manquait aucune des conférences de l'abbé de Frayssinous ; non seulement il l'écoutait,

(1) L'abbé de Frayssinous (1765-1842) fut sacré évêque d'Hermopolis en 1822 et créé comte et pair de France. Il devint membre de l'Académie française, grand-maître de l'Université et ministre des affaires ecclésiastiques.

mais il observait l'effet produit dans l'auditoire, suivait sur les visages l'intérêt et la conviction, et au sortir de l'église se mêlait ardemment aux discussions et aux adhésions que soulevait la doctrine du prédicateur.

Quelques années plus tard, un autre ecclésiastique excita encore par ses ardentes improvisations les désirs du jeune homme : c'était l'abbé Mac-Carthy. Berryer, il l'avoue lui-même, en devint « jaloux » et toute sa vie il garda pour la chaire une passion dont il n'était pas maître de se défendre. En 1835, après avoir épuisé tous les triomphes de la tribune et du barreau, il disait encore : « Je ne vois jamais sans émotion un prêtre monter en chaire... S'il parle bien, je suis en larmes. Souvent je voudrais être à sa place. Il me semble encore aujourd'hui que c'était là ma vocation... »

En 1808, ces désirs étaient encore plus vifs et puisaient dans l'excitation de la jeunesse et dans l'éducation religieuse de Juilly une intensité plus forte. Berryer n'avait pas interrompu ses relations avec Christian de Chateaubriand, et les jeunes gens dans leurs lettres et leurs longues causeries parlaient souvent de vie religieuse, si bien que Berryer, ne pouvant plus longtemps contenir une ardeur qu'il trouvait irrésistible, alla frapper à la porte du séminaire d'Issy.

Le supérieur était un prêtre éclairé autant que prudent à qui une longue expérience avait donné le don du discernement des vocations. L'illustre M. Emery accueillit le jeune homme avec son sourire aimable, le fit causer, admira ses talents, le félicita de sa résolution, et au bout d'une heure le congédia, en lui disant de mettre au service de la société, des qualités qu'il ne croyait pas faites pour la vie ecclésiastique ou religieuse

Quelque peu désenchanté, Berryer revint trouver son père qui le consola, et lui fit entrevoir l'avenir sous d'autres horizons non moins séduisants. Pierre écouta et tout en gardant au fond de l'âme une certaine tristesse, il songea au choix d'une autre carrière.

Plusieurs se présentaient brillantes devant lui. Des amis de sa famille, Cambacérès et Regnauld de Saint-Jean d'Angely, personnages considérables de l'Empire, auxquels M. Berryer père avait eu l'occasion de rendre des services, offraient leur appui pour faire entrer Pierre au Conseil d'Etat. C'était une situation fort enviée à l'époque et la famille se réunit pour en délibérer.

L'avis fut unanime : on devait profiter de cette bonne fortune; Pierre Berryer seul s'y opposa, il n'entrerait ni au séminaire Saint-Sulpice, ni au Conseil d'Etat, il serait avocat. Cette résolution soudaine et nettement formulée déconcerta tout le monde, sauf M. Berryer père qui fut secrètement flatté que son fils se livrât aux fonctions qu'il occupait lui-même ; c'était consacrer définitivement les traditions de famille. M. Berryer père était avocat et petit-fils d'homme de loi ; sa fille venait d'épouser un avocat, M. Janson de Sailly; Pierre serait avocat et ne ternirait pas l'honneur de la famille.

Quelques jours plus tard, le jeune homme suivait les cours de l'Ecole de droit, et son père, qui ne voulait rien ménager pour le mettre à même de s'y distinguer, lui donnait pour guide particulier, un ancien député de l'Assemblée Constituante, M. Bonnemant, habile jurisconsulte. De plus, pour joindre la pratique à la théorie, Pierre Berryer entra comme clerc dans l'étude de Me Normand, avoué près du tribunal de la Seine.

Avec toute l'ardeur qui le caractérisait, le jeune homme s'acharna au travail le plus ardu, compulsant d'une main fiévreuse les dossiers les plus volumineux, débrouillant les affaires les plus embarrassées et faisant la besogne de trois ou quatre clercs ordinaires. En peu de mois, il était au courant et pouvait jeter un coup d'œil satisfait sur le chemin parcouru : alors il se reprit à vivre et écouta la voix de la jeunesse et du plaisir.

L'existence était agréable dans la demeure de Berryer père. Cet homme laborieux et jouissant d'une juste renommée acquise par le talent, n'avait pas oublié la vieille gaieté française et recevait beaucoup à Paris et dans sa maison de campagne d'Epinay-sous-Sénart (Seine-et-Oise). Une large hospitalité offerte à sa famille et à ses amis, des réunions cordiales et sans apprêt, des pièces de comédie, des couplets improvisés, mettaient le rire aux lèvres et la joie aux cœurs. Héritier du sang et de l'humeur paternelle, Pierre Berryer dépensait en ces réunions son esprit et l'impétuosité de sa nature généreuse; et ce n'était pas toujours sans profit. Un des voisins de campagne d'Epinay, le célèbre acteur du Théâtre Français, Talma, amenait souvent chez Berryer les poètes et les artistes du temps. On peut supposer que le jeune homme, facilement séduit par cette physionomie intelligente et cette flamme enthousiaste, ne négligea pas de dérober à l'acteur quelque secret de l'art de bien dire.

Le même milieu le mit en relations avec le poète Désaugiers (1) et l'auteur plus célèbre du poème des *Jardins* et de *la Pitié*, Jacques Delille. « On ne s'imagine pas aujourd'hui, écrit M. de Lacombe, quelle était à cette époque la popularité de Delille. Son courage sous la Révolution, son héroïque dithyrambe contre les tyrans, la dignité de sa vie sous l'Empire, à qui il n'accorda jamais ni un gage, ni une louange, avaient créé au poète une véritable souveraineté. Il a régné, a dit Sainte-Beuve, ou du moins il a été le prince des poètes de son temps. Retiré au collège de France, presque aveugle, Delille se montrait de loin en loin à l'Académie. Quelquefois on le voyait dans la salle du Collège de France, où il avait naguère donné son enseignement... Ces rares apparitions étaient pour le vieillard autant de triomphes. Les jeunes gens l'acclamaient, et des milliers d'admirateurs l'escortaient jusqu'à sa demeure (2). »

Le jeune Berryer eut le bonheur de fréquenter souvent

(1) Desaugiers (1772-1827) célèbre par ses chansons et fondateur du *Caveau moderne*.

(2) *La Jeunesse de Berryer*, p. 67.

chez le poète et d'y rencontrer des hommes comme Michaud, l'historien des Croisades, Villemain, Casimir Delavigne et Chateaubriand à qui il pouvait parler de son camarade de Juilly, Christian.

Cette vie au dehors, quelque peu dissipée, entraîna le jeune homme comme dans un tourbillon. Les spectacles, le Théâtre-Français et surtout l'Opéra, devinrent pour lui, que la passion de la musique dévorait, de fréquents rendez-vous, et l'étude du droit commença à en souffrir. Son ardeur au travail s'était porté avec le même acharnement du côté des plaisirs.

Disons de suite cependant que le jeune homme à l'âme chaude mais aux convictions profondes, n'oublia jamais les principes inculqués à Juilly et, comme le dit son historien en une page agréable à citer, « il dut à ces enseignements de collège, aux leçons de sa famille, aux habitudes de son père, à la dignité et au sentiment d'honneur que celui-ci portait dans sa vie, *ces ancres puissantes qui préservent des naufrages vulgaires les âmes les plus exposées aux orages des passions*. Par son intelligence, son caractère et ses goûts, il était fils du XVIIe siècle bien plus que du XVIIIe. En lui nulle corruption de cœur, nul scepticisme de l'esprit, et quoique bien ouvert aux impressions de son âge et aux idées de son temps, nulle atteinte de ces amères rêveries et de ces sombres désespoirs dont les contemporains de *René* et d'Obermann ont si souvent, après Rousseau, éprouvé ou simulé le tourment. C'était une nature exubérante, pleine de sève et de feu, mais profondément saine, s'élançant avec l'impétuosité de la jeunesse aux jouissances de la vie, mais y portant toujours une certaine élévation délicate, et gardant, à travers tous les entraînements, un fond de croyances et de traditions, principe des grands retours (1). »

Cette page de l'homme qui a le mieux connu Berryer, jette le vrai jour sur cette partie de sa jeunesse, au reste

(1) Ch. de Lacombe. *Vie de Berryer*, t. 1er, p. 52.

l'entraînement fut de courte durée. Un soir que le jeune ami des plaisirs sortait seul du théâtre, il aperçut marchant devant lui deux vieillards, deux avocats qu'il reconnut pour être des amis de son père. Ils causaient d'un ton animé et leurs paroles purent arriver à l'oreille du jeune homme : « Tout s'en va, disaient-ils tristement ; le barreau lui aussi ; nous vieillissons et il n'y a personne pour nous succéder. Berryer père commence à prendre de l'âge et ce n'est pas son fils qui le remplacera... Un étourdi qui dissipe sa vie et ne s'occupe que de vaudevilles et de chansons !... »

Ces paroles firent sur Berryer une impression étrange ; ce fut une lumière qui projeta soudain ses rayons sur les replis les plus cachés de son âme en lui découvrant des horizons nouveaux sur l'avenir. Il rentra chez lui bouleversé et prêt aux résolutions les plus énergiques. Elles étaient inspirées peut-être par l'amour propre et la fierté native du jeune homme, mais aussi par la pensée que l'héritier d'un nom honoré doit tenir à ne pas le laisser déchoir dans l'estime publique. A partir de ce jour, Berryer s'engagea dans la voie d'un labeur constant qui ne devait cesser qu'avec sa vie.

Quelques semaines après (3 septembre 1811) il passait avec succès l'examen de la licence en droit, et se faisait inscrire comme avocat à la Cour de Paris.

Une autre pensée avait stimulé ce jeune homme dans cette étude rapide ; il avait rencontré chez son père une jeune fille dont les charmes l'avaient séduit et dont il avait résolu d'unir la vie à la sienne. Elle s'appelait Mademoiselle Gauthier et était la fille d'un directeur de l'Administration des œuvres militaires ; sa jeunesse seule faisait obstacle au consentement immédiat des parents, mais Berryer sut vaincre toutes les difficultés et, le 10 décembre 1811, le mariage se célébra dans l'église de l'Abbaye-aux-Bois.

Les Oratoriens présentent leurs élèves au Premier Consul.

II

L'année 1812 vit les débuts de Berryer au Palais. Le jeune avocat qui s'était lancé dans la vie avec tant de confiance, promettait de sortir triomphant des épreuves qui donnent aux commençants tant d'appréhensions. Celui qui plus tard devait être le maître de la parole et en soumettre à sa volonté tous les caprices et toutes les puissances, en connut les premières tyrannies. La cause qu'il plaidait en son premier procès était une affaire bien simple que son père lui avait choisie, et qui se débattait devant une chambre de première instance. Berryer connaissait la cause à fond et avait écrit tout son plaidoyer.

Quand vint le moment de prendre la parole, l'avocat se sentit paralyser par une émotion inconnue jusqu'alors; « il récita sa plaidoirie l'esprit confus et comme ébloui; une sorte de mirage s'était formé devant ses yeux. Il ne distinguait à travers ce brouillard que la figure du président qui lui faisait des signes d'approbation. Cette vue soutint son courage. S'il s'était trouvé en face d'un magistrat brusque et malveillant, il était perdu : le désespoir eût brisé sa carrière. « Avis aux présidents, » disait Berryer en souriant, lorsqu'il racontait cette entrée en scène. De là vint plus tard la bonté qu'il montrait aux jeunes gens. Il se plaisait à encourager leurs essais, à découvrir et à signaler en eux les dispositions qui leur présageaient un avenir. Il les attirait par l'affabilité paternelle et simple de son accueil. L'assurance de quelques-uns, tranchant sur toutes choses et pressés de se mettre en avant dans les assemblées, l'étonnait toujours. « On n'était pas ainsi de mon temps, disait-il (1). »

(1) De Lacombe. *Vie de Berryer*, t. 1er, p. 57.

Quelques mois après, Berryer donnait une plus juste idée de sa valeur dans une cause célèbre, l'affaire Saint-Clair. Louis Serres de Saint-Clair, officier, d'une famille honorable, était accusé d'avoir assassiné une jeune fille dans le but de s'emparer de sa fortune. Défendu par un avocat maladroit, Saint-Clair avait été condamné dans un premier jugement; il eut la pensée de s'adresser à Berryer pour faire annuler la sentence.

Celui-ci y réussit après une habile plaidoirie qui attira sur lui l'attention du public; le jugement fut cassé pour vice de forme, mais l'affaire revint de nouveau devant le conseil de guerre, et les charges étaient tellement accablantes que l'officier fut condamné aux travaux forcés à perpétuité et dégradé. Quand vint le moment où, en pleine audience, on voulut lui enlever sa croix, l'officier s'écria : « Que personne ne me l'ôte; je n'ai jamais manqué à l'honneur ! » et il se frappa au cœur d'un coup de poignard.

Cette affaire, retentissante par son issue, mit en lumière l'avocat Berryer, dont la défense annonçait les qualités les plus remarquables. On avait admiré l'art avec lequel il avait fait valoir les témoignages favorables à son client, l'habileté avec laquelle il avait écarté l'accusation de préméditation et avait réussi à faire commuer la peine de mort en celle des travaux forcés, mais ce qui frappa surtout l'auditoire, ce fut l'accent convaincu et la chaleur d'âme avec lesquels il implorait les juges.

Des procès plus célèbres encore, et surtout plus dignes du talent de Berryer, attendaient le jeune avocat et allaient le révéler à la France entière.

Le premier fut la défense du maréchal Ney, qui avait remis sa cause entre les mains de M. Berryer père, mais celui-ci s'adjoignit son fils et M. Dupin. « Intrépide jusqu'à l'héroïsme, désintéressé, généreux, Ney eût été le plus parfait des capitaines s'il n'avait eu le caractère mobile et le cœur faible comme un enfant. Cette mobilité le rendait odieux à tous les partis. Quand Napoléon débarqua de l'île d'Elbe, Ney accourut à Paris et promit à Louis XVIII de lui ramener le tyran dans une cage de fer. Mais l'Empereur le connaissait. Il caressa le Maréchal en même temps que ses émissaires gagnaient les soldats. « Venez à moi, mon cousin, lui écrivait-il, et je vous recevrai comme au lendemain de la bataille de la Moskowa. » Séduit par ces affectueuses avances et par tous ses souvenirs de gloire, Ney lui livra son armée et son honneur. C'est cette défection que lui reprochaient avec raison les royalistes (1). »

Louis XVIII cédant aux clameurs d'une foule aveuglée par l'esprit de parti, commit la faute de mettre en jugement cet homme coupable sans nul doute, mais dont la condamnation devait rester une tache ineffaçable sur la mémoire de son règne. Malgré l'habileté de ses défenseurs, le Maréchal fut déclaré coupable de haute trahison, et l'accusateur requit contre lui la peine de mort. « Au moment où les pairs s'enfermaient pour délibérer, Ney embrassa ses avocats et les remercia avec effusion. « Adieu, Messieurs, leur dit-il, nous nous retrouverons là-haut! » Puis il fut ramené dans sa prison. Cependant, sur cent cinquante-six juges, cinq refusèrent de se prononcer; dix-sept seulement eurent le courage de voter la déportation; cent trente se déclarèrent pour la mort, parmi lesquels plusieurs maréchaux, anciens amis du condamné. C'était le 7 décembre 1815, à deux heures du matin. Quelques heures plus tard, le greffier de la cour, M. Cauchy, signifiait son arrêt au « duc d'Elchingen, prince de la Moskowa, maréchal de France. — Dites simplement Michel Ney, et bientôt un peu de poussière, » interrompit le prisonnier. S'adressant aussitôt à l'un des gentilshommes qui le gardaient : « ... Je crois à Dieu, lui dit-il, et à une autre vie, et je me sens une âme immortelle. » Le curé de Saint-Sulpice attendait; il fut intro-

(1) Le P. Lecanuet. *Berryer*, p. 28.

duit, et le pardon de Dieu consola le Maréchal de celui que les hommes lui refusaient. Le jour commençait à peine, lorsqu'il tomba frappé de treize balles dans la grande allée de l'Observatoire (1). »

Dans ce procès, le rôle de Berryer n'avait été que secondaire : peut-être cependant, malgré sa jeunesse, avait-il vu plus juste que les deux autres défenseurs. Le système qu'il préconisait pouvait se résumer dans cette parole, mise dans la bouche du maréchal : « Je suis trop coupable pour marchander ma vie au roi, il fera de moi ce qu'il voudra. » Ce langage eût tenté la grandeur d'âme des royalistes qui se seraient montrés généreux. Mais nous l'avons dit, Berryer était trop jeune pour diriger la défense et il n'avait pas en cette affaire sa liberté d'initiative.

Il n'en fut plus de même quand, l'année suivante, le gouvernement mit en accusation les généraux Debelle et Cambronne.

Disgrâcié à la fin de l'Empire et mis en disponibilité, Debelle avait demandé du service dans l'armée, après le retour des Bourbons ; mais Napoléon était déjà revenu de l'île d'Elbe, que le général n'avait pas encore eu le temps de prêter serment au Roi. Aussi lorsque l'Empereur lui demanda de prendre le commandement militaire du département de la Drôme, Debelle n'eut pas le courage de refuser. Il réclama même des renforts contre les royalistes qu'il appelait « les insurgés. » Mais ce fut la seule faute qu'il commit, car jamais il ne se départit de ses principes de modération, et s'opposa toujours à l'effusion du sang, en dépit des ordres qu'il recevait.

Le 22 mars 1816, il comparaissait devant le conseil de guerre de la Seine, et Pierre Berryer seul se levait pour prendre sa défense, et écarter de la tête de son client la

(1) Même ouvrage, p. 37.

peine de mort qui était réclamée. L'avocat fit ressortir les difficultés, particulièrement pénibles pour un soldat, de cette époque troublée où Debelle était traîné en justice et accusé d'avoir défendu, au prix de son sang, le régime de Bonaparte qui longtemps l'avait persécuté. Dans une habile péroraison, l'avocat rappelait la modération de son client et les services signalés qu'il avait rendus à de nombreux amis du gouvernement. Douze de ceux-ci accompagnaient le général à son banc d'accusé, et Berryer les montrait en disant :

« — Voyez ces loyaux citoyens dont il a conservé les jours si précieux pour le Roi. C'est environné de ce cortège que le général Debelle se présente à ses juges. Ah! je n'en doute pas, au milieu de cette glorieuse cohorte, il est invulnérable. Non, ce vertueux et malheureux général, dont la famille fournit depuis plus de cinq cents ans, de fidèles appuis au trône, ne sera point condamné sous le règne de notre bon roi... Le cri de l'honneur ne s'élève pas contre lui dans sa conscience ; il doit s'élever dans les vôtres en sa faveur. »

En entendant ce langage, la salle éclate en applaudissements, mais, malgré tout, la discipline militaire gardant toujours sa sévérité, la peine capitale fut portée. Berryer alors n'abandonna pas son client et crut qu'il était de son devoir d'avocat de poursuivre sa tâche.

Le duc d'Angoulème s'était particulièrement trouvé visé par les troupes que commandait Debelle ; Berryer pensa que tout d'abord il fallait s'adresser à la générosité de ce prince pour obtenir la grâce de son client. Il le fit, et avec un succès qui fait honneur à l'avocat et au prince.

Le procès Debelle était à peine terminé que le général Cambronne avait à répondre, devant le même tribunal, des mêmes accusations ; le même avocat se leva pour le défendre, avec plus d'éclat encore, et aussi avec plus de bonheur.

« Le nom de Cambronne a été immortalisé par la

bataille de Waterloo. On lui a, tour à tour, attribué un mot grossier et une réponse sublime ; il ne prononça ni l'un ni l'autre et se contenta d'agir en héros. Mais il a mérité que cette parole : « La garde meurt et ne se rend pas, » fût inséparable de son souvenir et demeurât historique, comme le cri de François Ier, après Pavie. Fils d'un négociant de Nantes, élevé dans le collège des Oratoriens de cette ville, ayant eu lui-même plusieurs parents dans la maison du roi, Cambronne était un vrai soldat, ne connaissant que la consigne, sans calculs politiques, bronzé au péril, sachant disputer sa vie dans les replis d'une procédure comme sur le champ de bataille, mais envisageant tout danger avec le sang-froid d'un vétéran. Il avait sauvé des royalistes sous la Révolution, et nombreux étaient les certificats des émigrés, des Vendéens, qui déclaraient avoir dû, en 93, leur salut à son courage (1) »

Cambronne avait suivi Napoléon à l'île d'Elbe, était revenu avec lui et avait combattu à ses côtés jusqu'à Waterloo. Dans cette suprême et dernière lutte, il était tombé les armes à la main : l'ennemi l'avait ramassé sur le champ de bataille avec les prisonniers et emmené en Angleterre. C'est de cette plage étrangère que, quelques mois plus tard, il écrivait à Louis XVIII pour lui demander du service dans l'armée française. Sa requête était à peine formulée qu'il apprenait qu'il était poursuivi pour avoir servi la cause de Napoléon.

Sans retard, le hardi général réclame du ministre de la guerre une feuille de route et arrive à Paris ; le 26 avril 1816, il est traduit devant le conseil de guerre sous la triple accusation : d'avoir trahi le Roi, d'avoir attaqué à main armée le gouvernement français et enfin de s'être emparé du pouvoir par violence.

Se redressant de toute sa haute taille, Cambronne rappela à ses juges qu'il était vrai qu'il avait suivi l'Em-

(1) Ch. de Lacombe. *Les procès militaires*, p. 143.

pereur à l'île d'Elbe, mais qu'un traité permettait à Napoléon d'emmener dans son exil une escorte de quatre cents hommes.

« — Alors, dit le soldat fidèle, j'ai cru que les liens qui m'attachaient à la France étaient rompus; j'ai cru que je devais obéissance aveugle au souverain que je servais depuis si longtemps, et qu'il ne m'était pas permis de l'abandonner, par cela même qu'il était malheureux. »

En disant ces mots, le visage du général, défiguré par une affreuse blessure reçue à Waterloo, prenait une expression d'intrépidité qui impressionnait l'auditoire. Se sentant fort, Cambronne avait la réponse juste à toutes les accusations. On lui objecta qu'en arrivant en France, Bonaparte avait pris le titre de Souverain :

« — Je ne me suis jamais mêlé de cela, répondit-il. C'était l'Empereur. J'allais à l'ordre, je demandais s'il y avait quelque chose de nouveau; quand on m'avait répondu que non, je m'en allais.... Je n'aime pas la cour. » Le président insistait et rappelait toujours l'usurpation de Bonaparte, mais il recevait la même réponse indifférente et avisée.

« — Cela ne me regardait pas; je ne réponds que de ce que j'ai fait et non de ce qu'a fait Napoléon. »

Avec un tel accusé, Berryer avait la partie belle : il avait de plus reçu du général ces deux mots qui suffisaient pour animer sa valeur : « Ma conscience me dit que je n'ai rien à redouter, lorsque je serai défendu par un homme tel que vous. »

Aussi l'avocat n'eut pas un instant la pensée de présenter son client comme coupable; dès son exorde, il le montre comme digne de louange. Partout, dit-il, « au fort du péril, au foyer des combats, vous avez rencontré, vous avez admiré le général Cambronne. Soit que dans les rues de Zurich, à la tête d'une compagnie de grenadiers, il emporte à l'ennemi plusieurs pièces de canon et douze cents prisonniers; soit qu'à Paradis, avec quatre-vingts hommes, il parvienne à culbuter trois mille

Russes; soit enfin que dans les plaines d'Iéna, voulant raffermir contre le danger ses gens qui chancelaient, il s'élance seul sur le plateau, sous un feu effroyable d'artillerie et de mousqueterie et rallie la troupe par ce froid courage, partout éclatent à la fois et sa bravoure et sa volonté ferme de remplir les ordres de ses chefs. »

Puis entrant dans le vif de la question, Berryer répond à l'accusation : A la chute de l'Empire, Cambronne avait à opter entre son général, son empereur exilé et sa fortune militaire. Il a opté pour son empereur exilé. Il a quitté son pays, il a suivi Napoléon à l'île d'Elbe. A qui avait-il promis fidélité? A l'Empereur. A qui avait-il promis obéissance? A l'Empereur. Eh bien! aujourd'hui comme toujours, le brave Cambronne a tenu ses serments. Celui auquel il avait engagé sa foi militaire lui a dit : « Suivez-moi ; » il l'a suivi. Il y avait des périls à braver, il les a bravés. Et en disant ces mots, la voix de Berryer, semblable à un clairon, entraînait son public et les juges dans les campagnes de l'Empire; elle réveillait tous les échos des champs de bataille à peine endormis. « La charge sonne, les sifflements de la fusillade se mêlent au rugissement du canon qui gronde. On voit Cambronne passer à Hanau comme un tourbillon à travers une atmosphère de flamme et de fumée. Rien ne l'arrête, ni la difficulté du lieu, ni la supériorité du nombre et de l'artillerie; il se couvre de gloire. »

Le Conseil de guerre céda à l'éloquence de l'habile défenseur; il reconnut l'innocence du général à l'unanimité moins une voix, et bientôt, « transporté de joie, » Berryer courut à l'Abbaye pour annoncer l'heureuse nouvelle à son client. Cambronne, préparé à tout, avait déjà rédigé une lettre au général d'Espinois, commandant la place de Paris, pour solliciter de son « humanité, » au cas où il eût été condamné à mort, une prompte exécution. La prison fut bientôt remplie de parents, d'amis, de quelques-uns des frères d'armes du général, accompagnés de leurs femmes et de leurs enfants; tous pleuraient d'allégresse en lui exprimant leurs félicitations. Cambronne recevait en silence ces effusions. Seul, il ne parlait point; mais son front rayonnait. Les juges avaient déclaré qu'il n'avait point manqué à l'honneur. C'était là, bien plus que la vie, ce qui tenait au cœur du soldat (1). »

La joie du général ne fut guère plus vive que celle de Berryer; il venait de remporter là son premier grand triomphe, et il savourait la joie de cette première victoire quand l'esprit de parti s'attaqua à sa gloire naissante. L'extrême-droite était mécontente de voir le général sortir triomphant d'un jugement qui devait abattre sa tête ou tout au moins flétrir son honneur; ne pouvant attaquer Cambronne, on s'en prit à son défenseur et un journal osa mettre en doute son désintéressement. L'attaque était on ne peut plus maladroite; comme honoraires, Berryer n'avait accepté de Cambronne que son portrait, et dès le lendemain, le journal dut enregistrer une rétractation. Mais ce ne fut pas tout, on gagna quelques membres du barreau, et l'avocat fut dénoncé au bâtonnier, comme ayant soutenu dans sa plaidoierie « des doctrines contraires au droit public et aux principes de l'ordre. » Et Berryer fut invité à produire quelque justification. Il se contenta de répondre fièrement :

« Jamais je ne ferai ni rétractation ni déclaration de principes... Ce serait avouer que dans une affaire de cette importance j'ai parlé à la légère sans peser mon discours et contre ma conscience, ou bien ce serait proclamer qu'après avoir dit librement ce que je pensais, j'ai assez de faiblesse d'âme pour m'effrayer de quelques menaces et désavouer mes propres pensées. »

Après un léger blâme, l'affaire fut oubliée et, à quelques jours de là, Berryer était reçu par Louis XVIII avec une affabilité charmante. Faisant allusion aux évènements de la veille, le roi lui dit en souriant : « Heureux l'âge où le cœur emporte la tête ! » et il ajouta de sa belle

(1) De Lacombe. *Vie de Berryer*, t. 1er, p. 154.

voix harmonieuse, avec une certaine complaisance d'auteur, ces vers qu'il avait traduits de son poète favori, Horace :

Avec toi marchent l'espérance
Et la rare fidélité,
Blanche déesse ignorant l'inconstance
Et ne s'enfuyant pas devant l'adversité !.....

(HORACE, liv. I, ode XXXV.)

III

La suite de cet ouvrage nous montrera comment les paroles royales s'appliquèrent à la vie entière de Berryer. Maintenant que nos yeux ont été frappés des premiers rayons de sa gloire, suivons-le sur un autre terrain où son activité l'emporte.

Paris, à cette époque, ne comptait pas comme aujourd'hui des cercles et des conférences où les jeunes gens étaient sûrs de rencontrer avec la récréation de l'esprit, la sauvegarde du cœur et la tutelle morale qui remplace l'autorité de la famille. Cependant c'était quelque chose de ce genre que Chateaubriand avait voulu créer en fondant la *Société des Bonnes-Lettres*. Il avait appelé à son aide toutes les bonnes volontés du monde intellectuel, et groupé autour de lui un cénacle dont les séances publiques devinrent aussi goûtées que celles de l'Académie française. Berryer était parmi les membres fondateurs et apportait l'appui de son talent à cette assemblée littéraire. A droite du fauteuil où Chateaubriand présidait, « ce prêtre à la mine chétive, mais au large front et au regard de feu, c'est Lamennais ; à gauche, c'est Bonald ; autour d'eux se pressent Villemain, Rémusat, Nodier, Patin, Chênedollé, Lamartine... Hier, un jeune poète,

Victor Hugo, lisait à l'auditoire ravi une ode sur la mort de Louis XVII. Aujourd'hui 30 mars 1824, Berryer parle de l'éloquence parlementaire et « rien, dit le *Moniteur*, ne manque à son triomphe (1). »

Mais il était une autre Société qui avait la préférence de Berryer et qui était spécialement son œuvre ; on l'appelait la Société des Bonnes-Etudes. Elle renfermait l'élite des étudiants qui, sous la présidence de l'avocat, venaient y entendre des hommes éminents donner les conférences les plus brillantes sur un sujet de droit, de science ou d'histoire. Au dire de M. de Lacombe, Berryer était l'âme de cette société. Au milieu de ses multiples occupations, « il trouvait la patience et le temps nécessaire pour seconder de ses encouragements et de ses conseils les jeunes gens qui se réunissaient sous sa direction. De tous les points de la France, les pères lui envoyaient leurs fils et lui écrivaient pour les recommander à sa bienveillance. Il avait les noms de ces jeunes gens inscrits sur des registres qui se trouvent encore parmi ses papiers ; il notait leurs dispositions, jugeait leurs travaux, facilitait leur carrière et continuait à les suivre de son patronage, lorsqu'ils avaient quitté la société.

« J'allais chez lui recevoir des conseils qu'il me donnait avec beaucoup de bonté et de grâce, disait un des survivants de cette époque, qui a figuré avec honneur dans la magistrature, M. Albert du Boys ; il me retenait volontiers le dimanche pendant une heure et une heure et demie. » Le père d'un des membres de nos assemblées de 1848 et 1871, M. Raudot, écrivait à Berryer, en le remerciant des bontés qu'il avait eues pour son fils : « Vous avez agi pour lui comme un père. » Nombre de messages semblables lui étaient adressés par des familles reconnaissantes. Le baron de Puymaurin, directeur honoraire des monnaies et médailles, lui offrait, en remerciement

(1) Le P. Lecanuet, p. 63.

de sa protection pour deux jeunes gens du Midi, une médaille antique de Minerve : « C'est la déesse de l'éloquence et de la sagesse, lui disait-il ; elle se retrouvera chez vous comme si elle n'avait pas quitté Athènes (1). »

C'est ainsi que Berryer traitait les trois ou quatre cents jeunes gens qui fréquentaient la Société des Bonnes-Etudes. Religion, histoire, droit, lettres, philosophie, il parcourait avec eux tous les domaines, cherchant à imprimer au cœur de son auditoire la foi de l'Evangile et l'amour du travail. Qui dira les fruits que produisit sa parole dans ces âmes dont quelques-unes étaient destinées à une haute vocation. Ces jeunes hommes aux généreuses aspirations qui venaient ainsi recueillir la parole du maître, s'appelaient : de Beaumont, de Tocqueville, Cauchy, de Cazalès, de Meaux, de Salinis et de Ravignan.

Montalembert y parut quelquefois ; il entra un jour dans la salle des conférences pendant que Berryer parlait. L'impression qu'il en ressentit fut si vive, que de longues années après il en rappelait ainsi le souvenir au grand orateur : « Je me souviens d'avoir été, quand j'étais encore enfant, avec le duc de Rohan et le duc Mathieu de Montmorency, vous entendre à la Société des Bonnes-Etudes... J'avoue que j'ai oublié la suite de vos arguments ; mais qui sait si ce n'est pas alors qu'a été déposé dans mon cœur le germe de cet amour pour les doctrines romaines et pour l'indépendance de l'Eglise qui m'anime aujourd'hui ? »

Il est un autre personnage illustre qui, jeune encore et ignoré du public, se mêlait à ces réunions d'âmes généreuses. La première fois qu'il avait pris la parole, Berryer avait senti qu'il se trouvait en présence d'un talent en voie de se révéler ; et à la fin de son discours il avait félicité le jeune orateur qui annonçait par sa parole

(1) *La jeunesse de Berryer*, p. 271.

chaude et imagée, sa voix forte et pénétrante, des dons particuliers pour l'éloquence.

Puis prenant le jeune homme à part, il l'avait engagé à surveiller sa riche et vagabonde imagination, lui avait conseillé de la soumettre à une grave et sévère autorité. Il ajouta même qu'il le croyait peu fait pour les luttes passionnelles du barreau, mais il lui prédisait de grands succès dans la chaire.

Berryer perdit de vue son jeune disciple et à quelques années de là, on lui parla d'un orateur qui attirait toute la jeunesse dans la chapelle du collège Stanislas. Berryer voulut l'entendre et eut peine à pénétrer dans l'étroite enceinte que se disputait un public trop nombreux. Il reconnut bien vite le jeune Lacordaire.

Après le sermon, Berryer se rendit à la sacristie pour le féliciter et le prêtre lui répondit : « Vous le voyez, j'ai suivi vos conseils. » Longtemps après, alors que Berryer, comblé de tous les triomphes de la tribune et du barreau, avait forcé les portes de l'Académie, il reçut du P. Lacordaire l'invitation à lui servir de parrain pour prendre place en la même assemblée :

« Je serai bien heureux que vous m'accordiez cette grâce, lui disait-il, non seulement comme un des représentants de l'éloquence française au XIXe siècle, mais comme ayant été le premier homme éminent qui ait éclairé et encouragé mes débuts dans la vie publique. »

C'est ainsi que Berryer, jeune encore et devenu disciple, puis maître de la parole, s'en faisait aussi l'apôtre, suscitant autour de lui les talents et les aspirations, les dirigeant vers leur fin avec le plus grand discernement et le dévouement le plus généreux.

Tout s'en va. Le barreau lui aussi !

CHAPITRE III

Berryer royaliste.

Premier enthousiasme pour l'Empire. — Convictions monarchiques. Fidélité constante.

I

Berryer restera avant tout pour la postérité un orateur de premier ordre; mais il eut un autre mérite peu commun et qu'il importe aujourd'hui plus que jamais de mettre en lumière. A une époque de défaillances misérables et de contradictions inexplicables, Berryer donna, pendant plus d'un demi-siècle, l'exemple d'un attachement inébranlable à l'exil et au malheur. Royaliste fidèle, il resta debout en dépit d'attaques sans cesse renouvelées, malgré les entraînantes séductions de l'intérêt, et pendant cinquante ans il défendit sans faiblir une cause impopulaire et vaincue : honneur immortel pour sa mémoire, mais aussi grande et opportune leçon pour notre époque mobile, si oublieuse du droit et toujours prête à suivre le parti de la force quand il est triomphant !...

Et cependant on doit dire qu'en 1810, alors que l'Empereur, en toute sa gloire, ne soupçonnait pas l'éclipse prochaine de son étoile, Berryer n'éprouvait aucune répugnance pour le régime établi ; sa muse s'éveillait pour célébrer en vers l'entrée de Napoléon et de Marie-Louise à Paris. Avec des souvenirs mythologiques et des métaphores dans le goût du siècle qui venait de finir, il saluait l'arrivée des souverains :

Mille cris jusqu'aux cieux montent de toutes parts,
L'organe des combats gronde sur nos remparts.
Il gronde.... Ce n'est plus cette voix meurtrière
Qui renverse des camps la sanglante barrière,
Quand deux peuples rivaux, précipitant leurs coups,
Arment l'un contre l'autre un funeste courroux ;
C'est le chant du triomphe et le cri de l'ivresse !
Au milieu des transports d'une vive allégresse,
Nos frères, nos amis, à nos vœux sont rendus !
Une fille des rois, belle de ses vertus,
Brillante des attraits qui parent Cythérée,
Nous ramène la paix longtemps si désirée ;
Sa main de tous les yeux vient d'essuyer les pleurs ;
Sa voix conciliera les esprits et les cœurs.

Puis la pièce se terminait par des vœux pour le monarque :

Vivez, prince, vivez pour faire des heureux.
Tige en héros féconde, arbre majestueux,
Déployez vos rameaux, et, croissant d'âge en âge,
Protégez l'univers sous votre auguste ombrage.

Berryer avait ajouté à sa signature le titre d'ancien élève du collège de Juilly. C'était une façon de rappeler à Napoléon l'amitié qui l'avait uni à son frère, Jérôme Bonaparte, quelques années auparavant, alors qu'ils étaient sur les mêmes bancs. C'était aussi évoquer le souvenir que, sous les ombrages de Juilly, l'enfant avait entrevu pour la première fois le regard de génie du maître du monde et entendu sa parole sobre et grave. Alors l'éloge était en toutes les bouches, et pour ne pas sentir son cœur tressaillir aux seuls noms d'Austerlitz, d'Iéna et de Wagram, « il eût fallu n'être pas Français et n'avoir pas vingt ans. »

Mais si le jeune homme admirait la gloire et était prêt à la célébrer, il aimait encore plus la justice, l'indépendance et la liberté ; or le jour allait venir où la réflexion lui ouvrirait des horizons nouveaux et dissiperait bien des illusions.

M. Berryer père, comme la plupart des Français, avait salué avec reconnaissance le soldat heureux et hardi qui, au sortir de la Terreur, relevait les autels et rétablissait l'ordre public, mais ce n'était pas sans appréhensions légitimes qu'il l'avait vu usurper le titre d'Empereur. Parmi ses deux cents collègues qui composaient l'ordre des avocats, trois seulement avaient adhéré à l'empire; et Napoléon n'oublia jamais ce peu d'empressement. Il avait encore contre M. Berryer père des griefs tout particuliers. Ce fut lui qui présenta la défense du général Moreau, le vainqueur de Hohenlinden, accusé de conspiration; et pour ce fait, la vengeance impériale l'avait biffé de la liste du tribunat. Berryer y avait répondu en défendant avec la même ardeur deux autres généraux.

En 1813, un fait plus grave excita encore davantage l'animosité du potentat. « C'était pendant la campagne de Saxe. Sur le rapport calomnieux d'un commissaire de police, le maire d'Anvers fut accusé d'avoir dilapidé les deniers de la ville. Berryer le défendit, sans peine d'ailleurs, car personne ne le croyait coupable. Bien qu'il fût trié avec soin et uniquement composé de Français, le jury, à l'unanimité, acquitta le vieillard; le peuple s'attela à sa voiture et le ramena en triomphe à son hôtel. A cette nouvelle, l'Empereur, transporté de fureur, ordonne de remettre en jugement le maire et, au besoin, le jury qui l'a acquitté. Noblement, le préfet refuse et envoie sa démission. Il faut que Napoléon s'adresse au Sénat et à la Cour de cassation, qui n'osent encore désobéir. Le malheureux maire est saisi, traîné à Douai et jeté en prison, où il meurt de douleur (1). »

De telles violences qui avaient plus d'écho dans la maison de Berryer que nulle part ailleurs, étaient bien faites pour soulever l'indignation d'une jeune âme réprou-

(1) Le P. Lecanuet. *Berryer*, p. 21.

vant la tyrannie et affamée d'indépendance. A partir de ce jour, les sympathies premières de l'élève de Juilly désertèrent la cause impériale, sans savoir, il est vrai, où se fixer encore.

Elles n'allaient pas tarder cependant à trouver l'objet qui leur convenait; ce fut dans l'étude du droit que Berryer puisa les notions de justice qui devaient l'attacher à la royauté et devenir les convictions de sa vie entière. On se rappelle que son père lui avait donné pour maître M. Bonnemant, ancien député de la Constituante; celui-ci ne trouva pas de travail plus fructueux à conseiller à son élève que l'étude des délibérations de cette Assemblée.

Ce labeur, nous dit M. de Lacombe, fut pour le jeune homme une révélation. « Rien de ce qu'il voyait n'avait pu lui faire pressentir ce que lui apprenait cette lecture. Ici, une nation muette, courbée tout entière sous la volonté d'un homme, les lois suspendues au gré du maître, les procès interrompus ou violemment révisés, les prisons arbitrairement remplies; là, au contraire, tout un peuple soulevé pour la revendication de ses droits, une assemblée convoquée sur l'initiative de son roi.... et travaillant avec une absolue indépendance, au milieu des éclairs d'une prodigieuse éloquence, dans une inspiration générale de justice, à édifier les institutions de la France (1). »

C'est au milieu de ces débats que Berryer démêla les aspirations confuses de son intelligence. Il reconnut des ancêtres dans ces hommes, amis de la justice et de leur pays, il reconnut « sa race, son sang, sa langue, comme un exilé qui, longtemps banni de la demeure de ses pères, retrouverait tout à coup les murs qui ont abrité son enfance et les chants qui l'ont bercé. » Il compara à ces accents honnêtes et généreux, le langage officiel du temps où il vivait; il aperçut, il est vrai, un éblouissement de gloire militaire, mais sous cette pompe magnifique, sa justesse de coup d'œil sut découvrir que les destinées

(1) *La Jeunesse de Berryer*, p. 71.

d'un peuple ne sont que fragiles et sa grandeur précaire, quand elles se résument dans l'existence d'un seul homme.

Berryer, en achevant sa lecture, était pleinement convaincu que l'empire est un régime condamné d'avance; plus tard, à l'Assemblée législative, il fit connaître à ses collègues le travail latent qui s'était alors opéré dans son âme :

« .... J'étais bien impérialiste à dix-huit ans, disait-il; j'étais bien impérialiste à vingt ans encore. Oh! la gloire de l'Empire! Je suis sorti du collège au bruit du canon d'Iéna, et quelle tête n'eût pas été enivrée alors! Mais j'ai réfléchi, j'ai étudié..., je me suis rendu compte des conditions des gouvernements. J'avais un père, homme de labeur, homme de pauvreté, voulant m'inspirer le goût du travail. En 1811 ou 1812, il mit près de moi un ancien député aux Etats généraux; il donna commission à cet ancien député de me faire étudier quoi? Ce à quoi personne ne songeait dans le monde à cette époque, les procès-verbaux de l'Assemblée constituante. Je les ai étudiés pendant dix-huit mois, avec ce vieux M. Bonnemant, ancien député aux Etats généraux. J'ai commencé alors à comprendre; *J'AI SENTI LE DESPOTISME, ET IL M'A ÉTÉ ODIEUX*. Je n'ai pas attendu sa chute; j'ai ici de mes amis d'enfance; ils savent qu'avant la chute de l'Empire je leur disais : « Vous ne vous rendez pas compte de votre gouvernement; il est odieux, il est intolérable! La gloire ne couvre pas cela (1). »

En disant ces mots, l'orateur se tournait vers l'un de ses camarades de collège, M. de Grandville, et lui criait : « Tu m'es témoin! »

(1) *Discours parlementaires de Berryer*. T. v.

II

Cependant, en 1813, les Bourbons étaient bien oubliés, et M. Berryer père ne parlait jamais devant sa famille des princes qui étaient en exil. La révolution avait fait successivement tant de victimes, qu'il semblait que la race entière des Bourbons fût descendue dans l'abîme qui avait englouti, avec le trône, Louis XVI, Marie-Antoinette, Madame Elisabeth et le jeune Dauphin. Cependant, un soir que Napoléon ramenait des steppes de la Russie les débris de la Grande Armée, M. Berryer père, commençant à prévoir la chute du capitaine moins heureux, se prit à dire tout bas au milieu de ses enfants, en parlant de la situation faite à la France par ces revers : « Tout ceci ne finira que par le retour des Bourbons. » Pierre étonné s'écria :

— Il y a donc encore des Bourbons ?

Et son père, nous raconte un ami de Berryer, « courut alors à sa bibliothèque et en rapporta le dernier almanach royal qui eût été publié. Il nomma successivement à son fils M. le comte de Provence, qui était alors Louis XVIII, M. le comte d'Artois, la fille de Louis XVI, Madame la duchesse d'Angoulême, M. le duc de Berry. Ce fut ainsi que celui qui devait consacrer sa vie entière à défendre cette grande race, apprit qu'il y avait encore, comme l'a dit le poète, « du sang de nos rois quelques gouttes échappées (1). »

Cette circonstance sembla fortifier le jeune homme dans son eloignement du régime césarien auquel la France obéissait et il n'attendit plus désormais que l'occasion de

(1) NETTEMENT. *Berryer au barreau et à la tribune*, p. 9.

manifester son indépendance. Elle n'allait pas tarder. A quelques jours de là avait lieu la conspiration du général Mallet (22-23 octobre 1812).

Détenu depuis plusieurs années dans une maison de santé, Mallet avait échappé à la surveillance de ses gardiens ; de concert avec d'obscurs complices, il fait annoncer la mort de l'Empereur encore en Russie, proclame la déchéance de sa dynastie, institue un gouvernement provisoire qui s'empare du ministre de la police. Tout le monde est surpris d'une nouvelle qui cependant ne manque pas de vraisemblance, et personne ne songe à s'opposer aux agissements du général. Par malheur, celui-ci est reconnu par le général Hulin ; il passe en conseil de guerre et, le 29 octobre, il est fusillé avec treize de ses complices dans la plaine de Grenelle.

« Ceux-ci n'étaient pas encore jugés et l'on se demandait quel serait leur sort, quand Berryer rencontra chez son beau-père le préfet de police Desmarets, qui, naturellement, était tout honteux de s'être laissé arrêter.

« — Eh bien ! lui demanda quelqu'un, qu'avez-vous pensé quand vous vous êtes vu à la Force ?

« — Mais, répondit-il, j'ai cru que c'était arrivé, et que réellement Bernadotte avait fait assassiner l'Empereur.

« — Oh !, mais vous n'avez pas cru que le Sénat avait prononcé la déchéance ?

« — Bah ! répliqua Desmarets, il en était bien capable !.... »

J'étais dans un coin, racontait plus tard Berryer ; j'avais vingt-deux ans. Impétueux, ardent, je m'élance vers Desmarets, et lui dis :

« — J'espère, Monsieur, que vous répéterez devant le conseil de guerre ce que vous venez de dire.

« — Comment ! comment !

« — Oui, il y a là de malheureux officiers qui n'ont pas commis d'autre crime que de croire comme vous que ce qu'on leur disait était vrai. Si vous, dignitaire de la police, vous avez pu vous laisser tromper, comment n'excuserait-on pas leur erreur? Vous leur devez de parler et de les arracher à la mort par votre témoignage (1). »

Le jeune avocat ne se possédait plus, et on dut l'emmener du salon pour l'arrêter dans son apostrophe. Sa conduite paraît maintenant naturelle, mais sous le règne de Napoléon Ier, il fallait du courage pour parler ainsi aux hommes en place.

Berryer n'en manqua jamais; et deux ans plus tard, alors que l'Europe coalisée menaçait Napoléon et la France avec lui, le jeune homme résolut de protester hardiment contre la politique impériale. Il se trouvait alors à Rennes; rassemblant un groupe de jeunes gens, il leur fait arborer la cocarde blanche et se rend avec eux au Palais-de-Justice. Là, devant tous les magistrats, il proclame la déchéance de l'Empereur, parcourt avec ses amis les rues de la ville, et distribue aux cris de: Vive le Roi! un manifeste du duc d'Angoulême.

Malheureusement le peuple, qui n'est pas prévenu, a peur de la police; il ne se livre que timidement, et le préfet a le temps d'entraver la manifestation et de donner l'ordre d'arrêter Berryer; mais celui-ci se jette avec Madame Berryer dans une voiture qui le soustrait aux recherches. Le lendemain, il apprend à Nantes que Napoléon vient de signer son abdication.

Quelques jours plus tard, la France entière saluait de cris d'enthousiasme le retour des Bourbons, et Berryer laissait échapper en bruyants propos sa joie délirante. Il s'écriait avec Chateaubriand: « Jamais la France n'a été aussi heureuse à aucune époque.... Il n'y a aucun Français qui ne porte en lui-même le sentiment de son affranchissement et de sa pleine liberté. Chacun s'endort, sûr de n'être pas réveillé au milieu de la nuit, pour être traîné par des espions à la police ou par des gendarmes

(1) Albert Lepitre. *Berryer. Les Illustrations du XIXe siècle.*

à un tribunal militaire. » Et avec Villemain, il lance cette acclamation retentissante : « J'aime les Bourbons de toute la haine que je porte à leurs ennemis. »

N'allons pas croire cependant que Berryer, en marquant ainsi son antipathie pour le régime de la force, avait quelque intérêt secret à cette manœuvre, et que le retour des princes pouvait favoriser sa fortune. Non, les questions de ce genre ont toujours eu une faible influence sur la conduite de Berryer ; la Restauration, dont il célébrait les bienfaits, n'apportait à sa famille, pour don de joyeux avènement, que la ruine immédiate.

M. Berryer père avait engagé la plus grande partie de sa fortune dans une spéculation industrielle sur les cotons qui, par suite du blocus continental, étaient hors de prix dans l'empire. La politique nouvelle, en abolissant tous les droits, facilita l'entrée des produits étrangers sur nos marchés, et le coton baissa dans des proportions extraordinaires. Pour faire face à ses engagements, M. Berryer dut vendre à peu près tous les biens qu'il possédait, et n'eut plus pour élever sa famille que le fruit de son labeur quotidien.

Mais des considérations de cet ordre n'étaient pas faites pour ébranler les sentiments que le jeune avocat avait conçus pour les Bourbons. Les Cent-Jours revinrent et ramenèrent provisoirement l'empereur déchu. Le Conseil des Avocats protesta contre ce nouvel abus de pouvoir, et Pierre Berryer courut s'enrôler avec les Victor Cousin et les Odilon-Barrot, parmi les volontaires du Roi, « jeune cohorte dont l'ardeur, prête à tous les combats pour sauver le trône, ne put que protéger le départ du vieux roi pour un nouvel exil. »

Mais les évènements se précipitaient, et l'empire s'écroulant à Waterloo dans une chute irrémédiable, la royauté reparut bientôt « son rameau d'olivier à la main. »

Elle n'eut pas de partisan plus fidèle que Pierre Berryer, que son talent au barreau venait de révéler, et qui allait goûter dans les procès de Debelle et de Cambronne, les légitimes triomphes de la parole.

En face d'un talent si marqué, tout parti politique eut fait des avances pour se le concilier ; Louis XVIII n'eut pas de peine à gagner les sympathies d'un jeune homme qui se sentait déjà d'instinct attiré vers lui, et l'avocat, auquel son âge ne permettait pas de paraître encore à la Chambre des Députés, commença à servir, en dehors de cette enceinte, la grande cause qui devait occuper sa vie entière.

Dès 1826, il prend une place importante dans le parti royaliste et combat l'alliance du ministre Decazes avec les libéraux Benjamin Constant et Lafayette, s'écarte des doctrinaires tels que Royer-Collard, Lainé et Guizot, esprits qu'il accuse d'être chimériques et de ne pas tenir compte des difficultés gouvernementales, puis il suit la bannière politique de Villèle et de Chateaubriand.

Nous avons déjà vu les premiers rapports de Berryer avec l'auteur des *Martyrs* qu'il rencontrait chez le poète Delille ; peu à peu, des liens d'amitié s'étaient établis entre ces deux hommes d'âge différent, mais faits cependant pour se comprendre. L'avocat restait sous le charme de la voix harmonieuse de Chateaubriand quand celui-ci à la rédaction du *Conservateur* lui livrait ses articles, et le maître qui allait écouter les plaidoiries de Berryer encourageait le jeune homme en lui soufflant au cœur ces paroles qui le faisaient tressaillir : « Vous avez un grand talent, vous irez loin, vous serez le premier de votre génération. »

En 1822, Chateaubriand fut appelé par M. de Villèle, au ministère des affaires étrangères. Ces deux politiques, unis dans leur dévouement à la cause monarchique, avaient souvent des vues différentes qui compromettaient leur action commune et la stabilité de leur gouvernement. Berryer s'efforça de maintenir la paix entr'eux, persuadé qu'il ne pouvait rendre de plus grand service à son pays que de prolonger la durée de leur pouvoir. Malgré tout, un conflit éclata et Villèle qui supportait mal l'orgueil de son collègue, obtint de Louis XVIII, la révocation du ministre des affaires étrangères. Ce fut un malheur qui jeta dans l'opposition un homme précieux dont le mécontentement allait précipiter encore les évènements.

Le P. Lecanuet raconte dans une page intéressante le dépit du ministre disgrâcié. « A la nouvelle de ce qui se passait, Berryer qui était à la campagne, accourt à Paris et se rend chez M. de Chateaubriand. En attendant qu'on l'introduise, il jette les yeux sur les *Débats* qu'il trouve dans le salon : « Toutes les disgrâces ne sont pas des malheurs, disait le journal ; l'opinion publique, juge suprême, nous apprendra dans quelle classe il faut placer celle de M. de Chateaubriand : elle nous apprendra aussi à qui l'ordonnance de ce jour aura été le plus fatale, ou du vainqueur, ou du vaincu. » Berryer achevait de lire, lorsqu'on l'introduisit. Il entra, le journal à la main, embrassa Chateaubriand et lui exprima en termes affectueux la douleur qu'il ressentait. Puis, montrant les *Débats*, il ajouta : « J'ai lu cela avec peine. — Et pourquoi donc ? — Mais c'est la guerre ! — Eh bien, oui, c'est la guerre ! s'écria Chateaubriand, nous la ferons ! » Et saisissant sa plume : « Avec cela j'écraserai le petit homme ! » Alors Berryer essaya de le calmer : il le supplia de se retirer noblement dans l'honneur de tous ses triomphes, de préférer à la vengeance populaire des cœurs médisants, la gloire si rare et si pure de l'abnégation. Il lui représenta M. de Montmorency, son prédécesseur, descendu du pouvoir avec une fière dignité. Chateaubriand l'interrompit brusquement : « Je vous engage, Monsieur, dit-il, à rapporter ces paroles à M. de Villèle, à votre patron ! » Berryer avouait que ces paroles amères lui étaient entrées comme un acier dans le cœur. « Monsieur le vicomte, répondit-il en se levant, je ne puis accepter ces expressions. Quoique jeune encore, je suis décidé à n'accepter le patronage de personne, si haut qu'il soit, pas même le vôtre ! » Puis il sortit et ne revit Chateaubriand qu'en 1830. Quant à ce dernier, il commença aussitôt la lutte. « Ce fut, dit M. de Vogüé, un long rugissement qui retentit quatre années dans le *Journal des Débats*... Il ne désarma qu'en 1828 sur le corps de l'ennemi terrassé... Chateaubriand s'apercevait-il que les coups portaient par dessus la tête de Villèle, et frappaient au cœur la royauté ? Et leur portée était formidable (1)... »

Berryer plus que personne, souffrit de cette discussion : fidèle à la même ligne de conduite, il fréquenta toujours M. de Villèle, mais lui parla avec plus de franchise encore; lui reprochant sa faiblesse de ne pouvoir souffrir parmi ses collègues aucune supériorité, et de grossir ainsi les rangs de l'opposition.

Le ministre écoutait Berryer, lui avouait qu'il avait raison, mais poursuivait toujours sa politique. Charles X avait succédé à Louis XVIII (1824). Quelques années plus tard, M. de Martignac qui avait recueilli l'héritage de M. de Villèle, le transmettait aux mains maladroites du prince de Polignac, incapable de dénouer une situation aussi difficile. Le nouveau chef du cabinet voulut s'assurer le concours des hommes les plus en mesure de défendre la royauté ; il s'adressa à Berryer et lui proposa le poste de secrétaire d'Etat. Celui-ci, qui tout en professant de hauts sentiments d'estime pour la personne de M. de Polignac, n'avait pas confiance en ses lumières, se hâta de refuser son concours. Le principal mobile qui le faisait agir était qu'il se réservait pour les luttes parlementaires.

Le 4 janvier 1830, Berryer entrait dans sa quarante-et-unième année : il pouvait être candidat à la députation et deux jours plus tard, en effet, une ordonnance royale le nommait président du collège départemental de la Haute-Loire, où un siège se trouvait vacant ; c'était le

(1) Berryer. *Sa vie et ses œuvres*, p. 52.

désigner aux électeurs, comme candidat du gouvernement.

Charles X eut alors pour lui un mot charmant. Quand Berryer se présenta, le roi lui dit : « Oh ! ces quarante ans, comme je les guettais ! » Fier de l'estime royale, l'avocat partit sur le champ pour l'Auvergne, préparer son élection.

Ce voyage accompli par un rude hiver, dans un pays montagneux, ne fut pas sans incidents. « La saison était, cette année, d'une rigueur exceptionnelle. L'Allier avait gelé. Le préfet du Puy avait envoyé des escouades pour casser les blocs de glace qui interceptaient la communication. Berryer voyageait de nuit ; sa voiture avançait péniblement au milieu des neiges accumulées sur les chemins. Tout en sommeillant, il sent qu'elle s'arrête. Il se penche hors de la portière et voit le postillon qui met pied à terre et commence à dételer. Il l'interpelle aussitôt et lui demande quel est son projet. Le postillon répond que la route est impraticable et qu'il va retourner avec ses chevaux à l'auberge de relai, laissant les voyageurs dans la voiture. Berryer descend immédiatement ; il enjoint au postillon d'atteler ses bêtes à l'essieu de derrière et de rebrousser chemin ; il l'aide lui-même avec son domestique à tirer le lourd carrosse de l'ornière. Puis il remonte en voiture, et l'on reprend la route parcourue, le postillon conduisant les chevaux à la main jusqu'à ce qu'il ait pu les replacer dans leur position normale. Cependant Berryer avait été saisi par le froid et déjà ses forces se paralysaient. Il se fait à l'instant déshabiller, frotter et envelopper de couvertures par son valet de chambre, et, ainsi réchauffé, il revient à l'hôtellerie « drapé, disait-il gaiement, comme un empereur romain (1). »

Après cette aventure, Berryer arrivait au Puy le lendemain, et se présentait à ses électeurs en se disant

(1) M. de Lacombe. *Vie de Berryer*. T. Ier, p. 339.

royaliste « parce que les fils de saint Louis, sont les meilleurs justiciers qui aient jamais régné sur la France. » L'opposition avait devancé le candidat et attaqué sa réputation à peu près sous toutes ses formes ; Berryer ne voulut pas se défendre, il laissa dire et le jour du scrutin, il compta plus des deux tiers des voix. Le *National*, journal de M. Thiers, disait d'un ton vexé qu'il voulait rendre spirituel : « Voilà M. Berryer nommé ; ce point obtenu, il reste à montrer que M. Berryer soit éloquent ! »

La démonstration n'allait pas tarder. Le 2 mars, s'ouvrait la session parlementaire et la majorité votait une adresse au Roi, déclarant que le concert avait cessé entre le gouvernement et la Chambre ; la déclaration des ministres qui étaient venus protester de leur amour pour la Charte, n'avait pu empêcher cette funeste révolution. Il était réservé à deux nouveaux députés de la combattre. L'un s'appelait Guizot, et était destiné à fournir une brillante carrière sous les gouvernements suivants ; le second était Berryer.

Quand vint son tour de prendre la parole, il gravit les degrés de la tribune au milieu d'un profond silence. Tout le monde sentait que les débuts d'un orateur sont un moment solennel. Berryer eut un instant d'émotion à peine perceptible, mais bientôt prenant possession de lui-même et de son auditoire, mettant le geste et la voix à la hauteur de son sujet, il s'écria :

« — Vous accusez le Roi personnellement d'avoir formé un nouveau ministère. Autant vaudrait lui faire dire par votre grande députation : « Sire, l'usage que vous avez fait de votre prérogative trouble notre sécurité, atteint notre prospérité et peut devenir funeste à notre repos. (*Vive interruption à gauche. Toute la gauche : A l'ordre ! à l'ordre ! — La droite : Bravo ! très bien ! — Silence au centre.*)

M. Berryer, d'une voix assurée : — Vos interruptions ne me troublent pas !... Elles me satisfont !... L'horreur que

Berryer devant Louis XVIII.

la Chambre exprime contre les conséquences nécessaires de la rédaction proposée, donne l'assurance que ce projet va être rejeté... (*Le calme est rétabli.*)

... Qu'importe maintenant, quand les droits du Roi sont blessés, quand la couronne est outragée, que votre adresse soit remplie de protestations de dévouement, de respect et d'amour! Qu'importe que vous disiez : Les prérogatives du Roi sont sacrées, si en même temps vous prétendez le contraindre dans l'usage qu'il doit en faire ! Ce triste contraste n'a d'autre effet que de reporter la pensée vers des temps de funeste mémoire. Il rappelle par quel chemin un Roi malheureux fut conduit au milieu des serments d'obéissance et des protestations d'amour, à changer contre la palme du martyre, le sceptre qu'il laissa choir de ses mains. (*Vives réclamations à gauche... A droite : Très bien! très bien! — Silence au centre.*)

Je ne m'étonne pas que dans leur pénible travail, les rédacteurs de l'adresse aient dit qu'ils se sentaient *condamnés à tenir au Roi un pareil langage*. Et moi aussi plus occupé des soins de l'avenir que des ressentiments du passé, je sens que si j'adhérais à une telle adresse mon acte péserait à jamais sur ma conscience comme une désolante condamnation (1). »

En entendant ces mots, un murmure d'admiration parcourut l'Assemblée. Ses amis s'avancèrent au-devant de l'orateur pour le féliciter, et on vit des adversaires se joindre à leur groupe.

— Quel discours! disait Guizot à Royer-Collard.

— C'est plus qu'un discours, répondit celui-ci, c'est un évènement; une nouvelle puissance s'élève!

Le parlementaire disait vrai; c'était une puissance, c'était une force qui venait au secours de la monarchie en péril; mais par malheur elle arrivait trop tard et ces accents éloquents n'étaient que le discours funèbre prononcé sur le cercueil ouvert de la royauté.

(1) BERRYER. *Œuvres parlementaires*. T. 1er, p. 12.

Le soir du même jour, l'adresse était votée et le lendemain Charles X, déclarant ses résolutions immuables, prorogeait la Chambre et en proclamait bientôt la dissolution.

Berryer eut donc à se représenter devant ses électeurs qui lui renouvelèrent un mandat qu'il exerçait avec tant de talent ; mais quand il revint à Paris après une absence de quelques semaines que de choses étaient changées !...

Charles X avait lancé les fatales *ordonnances* de juillet qui avaient soulevé les barricades et, surveillé par trois commissaires, le vieux Roi avait suivi tristement le chemin d'un exil sans retour.

III

Le gouvernement de Louis-Philippe essaya en vain quelques avances aux partisans du monarque disparu ; tous, à peu près, s'éclipsèrent et crurent plus digne de se désintéresser du nouveau gouvernement.

Cette faute que les classes dirigeantes de notre malheureux pays ont commise à toutes les heures de crise en ce XIXe siècle, Berryer se reconnut le devoir de l'éviter. Presque seul, il resta sur la brèche, toujours luttant, mais toujours fidèle. C'est que sa grande âme avait peur de la déchéance morale qui s'attache toujours à ceux qui ne reculent pas devant un changement de drapeau, et sa fermeté de caractère, soutenue par des convictions profondes, se refusait à tout ce qui sentait l'infidélité. Mais d'un autre côté, l'amour du devoir, le dévouement à la patrie, lui faisaient une obligation de ne pas déserter le champ de bataille qui restait toujours le sien, bien que la dynastie à laquelle il était dévoué ne fût plus là pour triompher.

Blâmant hautement l'attitude de ses amis politiques

qui pratiquaient le système d'abstention et d'isolement appelé « l'émigration à l'intérieur, » il résolut de faire taire ses répugnances et de rester dans l'arène, persuadé qu'il y pourrait toujours servir la France et même la dynastie exilée.

Sentant aussi que dans cette situation il lui fallait une attitude nette et franche, qui évitât tout malentendu et répondît à toutes les attaques, de quelque côté qu'elles vinssent, dès le 11 août 1830, il montait à la tribune pour expliquer son adhésion à la formule de serment exigé des députés.

« — La force ne détruit pas le droit ; la légitimité des races royales est un droit plus précieux pour les peuples que pour les races royales. Mais, quand la force domine dans un Etat, les particuliers ne peuvent que se soumettre, et les gens de bien doivent encore à la société le tribut de leurs efforts pour détourner de plus grands maux. Dans cette seule pensée, je crois de mon devoir de rester uni aux hommes honorables en qui je reconnais des intentions salutaires à mon pays, et je me soumets à prêter le serment qui est exigé de moi... »

C'est ainsi que Berryer entra la tête haute dans le nouveau régime, en déclarant à la force que le droit était indestructible. Il faisait connaître en même temps la raison qui l'y amenait, celle de défendre la société et de faire à son pays le plus de bien possible. Fort de cette mission bien définie, il ne renonçait pas à la perspective de rendre le trône à ceux dont la famille avait fait le bonheur de la France.

C'est ainsi que avec la seule puissance de son talent et de ses convictions énergiques, l'ami des Bourbons lutta contre la dynastie nouvelle et compta plus d'un triomphe que lui préparèrent aussi, il est vrai, la loyauté de son caractère et les ressources variées de son esprit. Il sut imposer aux vainqueurs le respect du passé, et leur rappeler même parfois que la victoire n'était pas à leur honneur.

Un jour que les clameurs des admirateurs de la Révolution couvrent sa voix qui réclame en vain le maintien de l'anniversaire du 21 janvier, il se tourne vers eux et, d'une voix solennelle et vibrante où l'on sent passer la tristesse et l'indignation, il s'écrie :

— Au jour du jugement de Louis XVI, il fut permis de parler de ses vertus, je ne vois pas que la Convention ait interrompu les défenseurs du Roi.

Et la Chambre humiliée n'osa plus troubler l'orateur, qui termina son discours en réclamant fièrement, non seulement l'achèvement du monument expiatoire déjà commencé, mais l'érection d'une statue nouvelle en l'honneur du Roi-Martyr avec cette inscription :

— A Louis XVI, restaurateur des libertés françaises !...

Une autre fois qu'un ministre, irrité de la hardiesse de cette parole toujours sûre d'elle-même, se surprenait à dire que les royalistes devraient se souvenir qu'ils ne sont que des vaincus, Berryer s'élance à la tribune et la tête fièrement rejetée en arrière, dominant l'Assemblée de la voix et du geste, il s'écrie :

« — Messieurs, on ose ici parler de vaincus ! Sont-ce là les promesses qu'on nous a faites ? Est-ce que les vérités qui ont été jurées ne seraient que des déceptions ? Tous ne sommes-nous pas appelés en France à jouir de la même liberté d'opinions et de discussion ?... A quelle classe destine-t-on cette existence de vaincus ? Elle serait intolérable, et je sens dans mes veines une âme française qui ne se résigne pas à une vie si humiliante ! (*Marques générales d'adhésion*) (1).

C'est ainsi que par cette fière attitude, Berryer obtint pour lui, pour la noble cause qu'il défendait, le respect public, et la conscience du devoir accompli lui méritait déjà cet éloge que, quarante ans plus tard, Henri V déposait sur le cercueil du grand serviteur de la monarchie : *Aussi illustre que fidèle !*

(1) BERRYER. *Disc. Parlement.* I. p. 184.

CHAPITRE IV

Berryer et la duchesse de Berry.

L'entrevue. — La prison. — La défense.

I

Le prince qui rendait à la mémoire de Berryer l'illustre témoignage que nous venons de rapporter, avait plus que personne mission de glorifier la fidélité du grand homme; Henri V n'était encore qu'un enfant que l'orateur exposait ses jours pour sa cause et celle de sa mère, la duchesse de Berry.

En lisant les pages qui racontent cette épopée, oubliée aujourd'hui, on croit être bien loin du XIXe siècle; il se dégage de cette aventure un parfum chevaleresque digne des plus beaux jours du moyen-âge. En cette affaire, Berryer montra qu'il était non seulement capable de prêter sa parole à la défense des nobles causes, mais qu'il savait aussi à l'occasion risquer sa liberté et sa vie même pour le triomphe des princes qu'il servait.

On était en 1832. Une partie des royalistes, émus de la situation faite à la famille des Bourbons par le gouvernement de Louis-Philippe, jugèrent opportun de tenter un soulèvement en faveur du comte de Chambord, petit-fils de Charles X et héritier de son trône (1).

Cet enfant de dix ans était l'espoir du parti légitimiste,

(1) Charles-Ferdinand, duc de Berry, fils de Charles X et père du comte de Chambord, avait été lâchement assassiné par Louvel, en 1820.

qui croyait qu'il ne fallait pas laisser au vainqueur le temps d'habituer la France à son pouvoir, avant de frapper un grand coup. Les hommes d'action, partisans d'une lutte à main armée et d'une insurrection nouvelle en Vendée, n'eurent pas de peine à faire accepter leurs rêves belliqueux à la mère du prétendant.

Marie-Caroline de Naples, duchesse de Berry, avec sa jeunesse, son esprit romanesque, sa volonté énergique, avait tout ce qu'il fallait pour répondre à cet appel. Prenant les paroles de quelques fidèles pour les désirs de tous, elle conçut le rêve magnifique de replacer son fils sur le trône de son père, en soulevant les provinces du Midi et de l'Ouest qu'elle avait parcourues quelques années auparavant, et qui l'avaient saluée de leurs acclamations enthousiastes.

Dédaignant les conseils des véritables chefs du parti royaliste, qui la dissuadaient d'une tentative offrant peu de chances de succès, elle tenta la fortune, et le 29 avril 1832, le navire qui portait la duchesse et ses espérances, se trouvait à la hauteur de Marseille.

C'était le soir, et la nuit qui approchait devait favoriser dans la ville un mouvement concerté d'avance par les royalistes; on attendait un signal pour débarquer. Mais le signal ne fut pas donné, le mouvement avorta, et le navire qui attendait avec l'auguste princesse ne pouvait plus tenir la mer soulevée par une affreuse tempête.

Le capitaine, homme dévoué, offrait de risquer la descente; mais c'était compromettre tout l'équipage. La princesse s'y opposa et demanda qu'on mît à la mer la petite chaloupe du paquebot. Cette folie fit frémir, mais habituée à ne pas voir discuter ses ordres, la duchesse fut obéie.

Les rameurs prirent place, et quelques instants après la petite barque se détachant du navire s'enfonçait entre deux montagnes d'eau, pour reparaître au sommet des vagues comme un flocon d'écume. Pendant trois heures, la frêle embarcation lutta contre la tempête; la duchesse gardait toujours son calme et sa gaieté, réussissant à les communiquer à ses deux chevaliers fidèles, M. de Ménars, gentilhomme vendéen et le maréchal de Bourmont. Enfin la barque jeta ses passagers sur une des côtes de la rade; mais ils n'osèrent demander asile en aucune maison et, enveloppée dans son manteau, la duchesse dormit sur la grève, à l'abri d'un rocher.

Le lendemain, du haut d'une éminence qui dominait la ville, la princesse constatait le peu de succès du soulèvement tenté en sa faveur; elle voyait le drapeau tricolore remplacer rapidement le drapeau blanc qu'une main hardie avait réussi à faire flotter quelques instants sur l'église Saint-Laurent, et bientôt sortait du port une frégate, destinée à donner la chasse au navire qui l'avait amenée et qu'on apercevait encore à quelques lieues en mer.

Il ne fallait plus compter sur le Midi, puisque Marseille faisait ainsi défection. Que faire? Sortir de France incognito comme on y était entré, ou reprendre en Vendée l'aventure manquée ici. Le dernier projet, de beaucoup le plus dangereux, était le plus noble; ce fut naturellement celui qu'adopta Madame.

Sans aucune ressource, la chevaleresque princesse entreprit cette traversée de la moitié de la France, qui n'eut rien d'aussi merveilleux que la discrétion avec laquelle son secret fut gardé. Plus d'une fois cependant, cette femme audacieuse ne craignit pas d'aller demander l'hospitalité à des républicains: pas un seul n'osa la trahir.

Quinze jours après, elle était en Vendée et elle lançait à tous les échos la proclamation suivante :

« Vendéens, Bretons, vous tous habitants des fidèles provinces de l'Ouest :

« Ayant abordé dans le midi, je n'ai pas craint de traverser la France au milieu des dangers, pour accomplir une promesse sacrée, celle de venir parmi mes braves amis, partager leurs périls et leurs travaux.

« Je suis enfin parmi ce peuple de héros : ouvrez à la

fortune de la France ; je me place à votre tête, sûre de vaincre avec de pareils hommes.

« Henri V vous appelle ; sa mère, régente de France, se voue à votre bonheur : un jour Henri V sera notre frère d'armes, si l'ennemi menaçait nos fidèles pays.

« Répétons notre ancien et notre nouveau cri :

Vive le Roi! vive Henri V!

MARIE-CAROLINE.

Ce cri d'appel, si plein d'une généreuse confiance, retentit douloureusement dans l'âme des royalistes qui, comme Chateaubriand, Berryer, Fitz-James, Hyde de Neuville, etc., étaient plus que tous dévoués à la duchesse, mais aussi savaient mieux qu'elle et son entourage les conséquences funestes de cette subite résolution.

A Paris, on tient conseil chez Chateaubriand ; on se demande comment faire parvenir à la princesse de respectueuses observations, la priant de renoncer à son entreprise, et de réserver pour de meilleurs jours la vie et le dévouement des fidèles populations qu'elle appelle à son aide.

Mais qui sera porteur d'un message si délicat? Le caractère de la princesse est bien connu ; d'autre part on ne peut s'empêcher d'admirer tant d'énergie et tant de résolution de la part d'une femme, et plus d'un homme de cœur hésite à entraver une marche si hardie. Tous reculent les uns après les autres ; Berryer seul accepte un voyage qui n'est pas entièrement dans ses goûts, mais qui cependant est utile à la cause.

Au reste la Vendée lui est connue et son nom peut y aplanir bien des difficultés. Il n'y a que quelques mois, il était à Fontenay-le-Comte et arrachait à la mort, devant le tribunal des assises, neuf pauvres laboureurs accusés d'avoir donné l'hospitalité à des chouans réfractaires. Après un magnifique triomphe de parole, le grand orateur avait reçu dans toute la Vendée un accueil enthousiaste : il leur avait promis de revenir pour les défendre.

Aujourd'hui il tenait sa parole ; il venait pour épargner leur sang tout en servant leur cause. Prenant prétexte d'un voyage qui réclamait sa présence à Vannes au commencement de juin, Berryer était à Nantes le 22 mai et s'abouchait de suite avec le maréchal de Bourmont qui, tout en se cachant soigneusement, préparait son insurrection pour le 24.

Il n'y avait pas de temps à perdre. Berryer obtient du maréchal un sursis de quelques jours, prend un costume de paysan et s'enfonce dans la Vendée à la recherche de la duchesse. Elle était bien gardée par ce peuple fidèle, et il n'était pas facile de pénétrer jusqu'à la métairie des Mesliers qui lui servait d'asile.

Pour toute indication en partant de Nantes, on avait dit à Berryer, en montrant un paysan qui se tenait au bout d'une rue sur un cheval gris pommelé : « Vous voyez bien cet homme, vous n'avez qu'à le suivre. »

Et la voiture de Berryer avait suivi si longtemps, sans que le paysan eût même détourné la tête, qu'à la fin l'avocat s'était cru l'objet d'une mystification. Après plusieurs heures de marche, on était arrivé à un gros bourg, le paysan avait abandonné son cheval et avait pris à pied un chemin de traverse ; Berryer en fit autant et rejoignit bientôt son guide.

Mais à mesure qu'on approchait, les précautions redoublaient.

« Ils arrivèrent devant une chaumière : « Voici un monsieur qu'il faut conduire, » dit le guide, puis il disparut. La maîtresse de la maison salua Berryer, lui offrit un siège et continua son travail. Au bout de trois quarts d'heure d'attente, le mari entra : « Voilà un monsieur qu'il faut conduire, » répéta laconiquement la femme. Le Vendéen toisa l'étranger : « Si monsieur veut me montrer ses papiers, dit-il, je verrai bien s'il peut continuer son voyage. » Dès qu'il eut entrevu le nom de

Berryer, le paysan s'inclina et le conduisit à une demi-lieue de là, au château de la Grange. Le marquis de Goulaine, propriétaire de ce château, un des chefs de l'insurrection projetée, était absent. A son défaut, M. Benjamin de Goyon reçut Berryer, fit seller des chevaux et tous les deux se mirent en route à travers les bois par une nuit noire. A cent pas de distance, deux cavaliers, l'un en avant, l'autre en arrière, observaient la voie.

« Tout à coup un cri strident, pareil à celui de l'orfraie, fit tressaillir Berryer sur sa monture. « Ne craignez rien, lui dit M. de Goyon, c'est notre éclaireur qui demande si la route est libre ; écoutez la réponse. » Et presque aussitôt le même cri sillonna l'espace comme un écho lointain.

« Nous pouvons avancer, continua le gentilhomme. Chaque nuit des patrouilles de soldats parcourent les chemins du Bocage. Mais à la lucarne des chaumières isolées que nous rencontrons çà et là, un homme est aux aguets. S'il remarque des culottes rouges, il coupe à travers champs et vient nous prévenir. Tenez, un nouveau cri de notre éclaireur est resté sans réponse : il est évident qu'une patrouille visite les environs. » Et les voyageurs, quittant la route, entrèrent dans un sentier creux et plein d'ombre, et attendirent. Au bout de quelques instants ils purent entendre le pas lourd et cadencé des soldats qui passaient. Après bien des transes, après avoir traversé des marécages où les chevaux enfonçaient à mi-jambes, Berryer et son compagnon arrivèrent aux Mesliers, petite métairie perdue dans les bois, à une lieue du bourg de Legé. C'est là que résidait alors la régente de France. Quand on eut répondu par le mot d'ordre à une question faite de l'intérieur, une vieille femme ouvrit la porte. Derrière elle se tenait un robuste gars, armé d'un de ces longs bâtons ferrés avec lesquels les Vendéens de 93 enlevaient les canons républicains. La salle où entrèrent les visiteurs était basse et éclairée par une chandelle de résine. « — Nous désirons voir M. Charles, dit le gentilhomme qui amenait Berryer — Il dort, répondit la vieille femme. — Eh bien! réveillez-le. » Et ils attendirent en se chauffant. Dix minutes après, on fit monter Berryer par un escalier grossier, dont les planches vermoulues craquaient sous les pieds. L'escalier aboutissait à une petite mansarde située au premier (1). »

C'était la chambre de la duchesse de Berry. Celle-ci reposait sur un mauvais lit de bois blanc, grossièrement équarri à coups de serpe, dans des draps de batiste très fine; elle était enveloppée d'un châle écossais à carreaux verts et rouges, et sa tête portait crânement une coiffe vendéenne. L'appartement n'avait d'autre meuble qu'une table couverte de papiers sur lesquels étaient posés deux paires de pistolets; sur une chaise étaient jetés un costume complet de jeune paysan et une perruque noire.

On se figure l'impression dont fut saisi Berryer, en voyant dans ce réduit la mère de son Roi. Tout se réunissait pour l'émouvoir: le souvenir de la grandeur passée, l'intrépidité de cette femme héroïque, les périls auxquels elle s'exposait elle et les siens, et la difficulté de l'arracher à cette entreprise. Il lui fallut se faire violence pour présenter à la duchesse le message dont il était porteur.

Cependant, après avoir baisé la main de la duchesse et lui avoir remis le contre-ordre qu'il avait obtenu du maréchal de Bourmont, il lut, d'une voix qu'il s'efforça de garder calme, la note rédigée par le Comité et qui était l'œuvre de Chateaubriand.

La princesse ne l'écouta pas longtemps avant de témoigner le plus vif mécontentement, et Berryer, sans y prendre garde, continua jusqu'au bout sa lecture, d'un ton respectueux mais ferme; puis, quand il eut achevé, il tendit à la régente la lettre qu'il venait de lire.

Celle-ci la saisit d'un mouvement brusque, et en cher-

(1) Le P. Lecanuet, *Berryer, sa vie et ses œuvres*, p. 128.

cha la signature. Il n'y en avait pas; elle porta sur Berryer un regard étonné auquel celui-ci répondit :

— Je ne suis point l'auteur de cette lettre; c'est le comité de Paris qui m'a chargé de la remettre à Votre Altesse Royale.

De plus en plus vexée, la princesse accentua la sévérité de son visage et s'écria vivement avec plus d'humeur que de réflexion :

— Qui ose l'apporter était bien capable de l'écrire!

Berryer a raconté plus tard avec combien d'amertume ce mot avait glacé son cœur de serviteur dévoué à la monarchie légitime. Cependant il eut la force de se contenir, et de garder le silence. Voyant qu'il ne répondait rien, Marie-Caroline ajouta :

— Retournez vers ceux qui vous ont envoyé ; dites leur que la régente de France ne peut faire droit à une demande qui n'a reçu aucune signature.

Puis, le silence de Berryer impressionnant la duchesse, elle baissa le ton peu à peu et se prit à exposer le plan qu'elle avait conçu. Alors l'orateur sortit de sa réserve et commença à réfuter ses arguments avec sa chaleur et son éloquence habituelles. La princesse écoutait avec attention, mais n'abandonnait pas sa résolution, et, pendant trois heures, dans le silence de la nuit, à voix contenue pour ne pas attirer l'éveil des rondes militaires qui sillonnaient le pays, il se livra une lutte dramatique entre cette fille de rois, que le péril ne fait que passionner davantage, et cet orateur, le premier de son temps, « défendant contre les élans de son cœur le parti dont sa raison, son patriotisme et sa fidélité même lui démontraient la nécessité. »

Le lendemain, Berryer écrivait à mots couverts : « J'ai vu hier notre amie. Quel spectacle! quelle scène! J'avais bien des larmes dans les yeux et dans le cœur, et il m'a fallu lui être dur. Du moins elle a aperçu le combat qui se livrait en moi et elle me l'a dit. »

Enfin, à trois heures du matin, vaincue sans être pleinement convaincue, la duchesse de Berry cédait, mais dans un langage où perçait avec ses regrets toute la générosité de son âme :

« — Eh bien! oui, je vais quitter la France, dit-elle enfin; mais je n'y reviendrai pas, sachez-le bien, car je ne veux pas revenir avec les étrangers. Ils n'attendent qu'un instant, et bientôt ils viendront me demander mon fils; non pas qu'ils s'inquiètent beaucoup plus de lui qu'ils ne s'occupaient de Louis XVIII en 1813, mais ce sera un moyen pour eux d'avoir un parti à Paris. Eh bien! alors, ils ne l'auront pas, mon fils, ils ne l'auront pour rien au monde : je l'emporterai plutôt dans les montagnes de la Calabre. Voyez-vous, Monsieur Berryer, s'il faut qu'il achète le trône de France par la cession d'une province, d'une ville, d'une forteresse, d'une maison, d'une chaumière comme celle dans laquelle je suis, je vous donne ma parole de régente et de mère qu'il ne sera jamais roi. »

Ces nobles accents faisaient frissonner Berryer, et en se retirant, l'orateur bouleversé, disait à son compagnon, le baron de Charette :

« — Dans la tête de cette femme, il y a de quoi faire vingt rois!.... »

II

Avant de quitter les Mesliers, Berryer avait laissé deux passeports à la princesse en lui promettant de l'attendre à Nantes ou à la Rochelle, à son choix. Le jour et l'heure avaient été fixés et le serviteur dévoué se trouvait au rendez-vous. Il attendit plusieurs heures, dans une mortelle angoisse, craignant que la mère de son Roi ne fût tombée entre les mains de quelque patrouille. Enfin arriva un messager porteur du billet suivant :

« La nuit porte conseil; vous croirez facilement que j'ai beaucoup réfléchi à ce que nous avons dit. Le résultat de mes réflexions est de ne pas fuir les dangers, que ma présence a pu rendre plus graves pour mes amis. Je reste donc dans ce pays, où je crois pouvoir me cacher avec autant de sûreté qu'à Nantes... Je ne puis que vous savoir gré de votre démarche qui a été dictée par votre dévouement à la cause de mon fils... Je compte toujours sur vous en toutes circonstances... »

En même temps Marie-Caroline écrivait à Charette : « ... Je reste parmi vous.... Je reste, attendu que ma présence a compromis un grand nombre de mes fidèles serviteurs. Il y aurait lâcheté à moi de les abandonner. D'ailleurs, j'espère que, malgré le malheureux contre ordre, Dieu nous donnera la victoire... »

Quelques jours après, dans la nuit du 3 au 4 juin, le mouvement éclatait. Berryer était à Nantes, sous le prétexte de préparer le procès qu'il devait plaider à Vannes; mais le procureur du Roi, lui attribuant un rôle tout différent de celui qu'il était venu jouer, lui fit savoir que sa présence était suspecte et qu'il eût à quitter la ville, s'il ne voulait pas être arrêté.

Sur cet ultimatum, Berryer se fit donner un passe-port pour Aix en Savoie, et il partit en traversant la Vendée et la Charente-Inférieure. Le 7 juin, à une heure du matin, il entrait à Angoulême, quand des gendarmes, qui l'attendaient au relais, lui signifièrent l'ordre qu'ils avaient de l'arrêter.

Que s'était-il donc passé? Dans une visite domiciliaire chez Berryer, à Paris, la police avait cru découvrir des papiers compromettants et le gouvernement avait immédiatement lancé l'ordre de le jeter en prison. Mais Berryer avait déjà quitté la ville; on se mit à sa poursuite et c'était à Angoulême, qu'on arrivait à le saisir. Au milieu de la nuit, il fut conduit à la Préfecture avec ses malles qui furent visitées, et immédiatement on fit

J'espère, Monsieur, que vous répéterez, devant le conseil de guerre, ce que vous venez de dire.

reprendre à sa voiture le chemin de Nantes. Elle était escortée de quatre gendarmes qui se relayaient de brigade en brigade. Leur mission était de défendre le prisonnier et contre la foule qui, le prenant pour un des promoteurs de la guerre civile, voulait le mettre à mort, et contre les royalistes qui pouvaient tenter un coup de main pour le délivrer. A Saint-Mathurin, une troupe plus acharnée réclame « le chef des chouans » et veut le jeter dans la Loire. Les gendarmes sont obligés de dégaîner et de donner aux chevaux toute leur vitesse.

Enfin, on arrive à Nantes et Berryer est conduit chez le général Solignac qui commande la ville. Celui-ci traite son prisonnier avec des égards apparents ; il l'admet même à sa table, et après le dîner qu'avait agrémenté une conversation tout-à-fait rassurante pour Berryer, son hôte lui dit, du même ton qu'il aurait employé pour lui annoncer la nouvelle la plus simple :

« — Savez-vous que j'ai envoyé une dépêche au ministère pour proposer de vous faire fusiller. »

Les convives prenaient alors le café ; Berryer, foudroyé par cette parole, laisse tomber sa tasse, mais son interlocuteur reprend :

« — Rassurez-vous, vous verrez qu'ils sont trop lâches pour m'en donner l'ordre. »

En effet, une demi-heure ne s'était pas écoulée, qu'une dépêche arrivait.

« — Voyez-vous ce que je vous disais, s'écrie le général, Montalivet refuse, c'est une poule mouillée. »

Cependant dans un tel entourage, Berryer ne se trouvait pas en sûreté. De l'hôtel du général, l'orateur royaliste avait été conduit à la prison de Nantes, et on le menaçait du conseil de guerre. Berryer répondit qu'il était bourgeois de Paris et qu'il ne pouvait être jugé que par ses pairs.

Mais si, de ce côté, il obtint gain de cause, sa détention ne s'en prolongea pas moins pendant quatre grands mois, où il fut traité avec une telle dureté qu'on lui refusa la permission d'embrasser son fils et son vieux père. L'opinion publique s'indigna; et la presse légitimiste, aussi bien que les journaux républicains, réclamèrent la mise en liberté du prisonnier. Le barreau de Paris vota à son illustre membre, une adresse touchante de sympathie, où chaque avocat demandait l'honneur de le défendre; et le vieux Cambronne qui, sous le poids des années et des infirmités, n'avait pas perdu le souvenir de l'éloquence de Berryer, promettait de venir, au jour du procès, s'asseoir aux côtés de son ancien défenseur.

Le gouvernement n'était pas sans crainte, et cependant il ne voulait pas paraître reculer. Redoutant les troubles qui n'auraient pas manqué de se manifester à Nantes, on préféra déférer le coupable devant la cour d'assises de Blois, qui promettait d'être moins mouvementée. Berryer arriva dans cette ville le 30 septembre, et y resta interné jusqu'au 16 octobre suivant, dans la maison d'arrêt. Confiant dans son bon droit, il ne s'effrayait pas de toutes ces précautions, et disait à qui voulait l'entendre :

« — Partout où il y a douze hommes, je les accepte pour juges; je les prends volontiers au milieu des préventions des partis. J'ai tant de foi dans ma cause, que j'en confie le sort à ceux-là mêmes que vous me représentez comme mes ennemis. »

Enfin, le jour de la comparution arriva, et Berryer parut devant la cour d'assises de Loir-et-Cher. Le préfet, le général, toutes les autorités de Blois, les officiers de la garnison et de la garde nationale se mêlaient dans la salle trop petite pour la foule.

Lorsque l'accusé entra, l'assistance tout entière se leva; Berryer alla prendre place sur un siège situé près du barreau et fut entouré de ses défenseurs. Mais plusieurs avocats en robes tinrent à venir s'asseoir sur le banc des accusés. Le président les invita à se retirer en disant que cette place ne pouvait leur convenir; l'un d'eux répondit fièrement :

« — Le banc des accusés est si honoré aujourd'hui, que nous avions cru nous honorer nous-mêmes en y prenant place. »

Puis l'interrogatoire commença.

Berryer expliqua tout d'abord les rapports qu'il avait eus, depuis la Révolution de Juillet, avec la famille royale exilée; mais le président l'ayant prié de faire connaître la conversation qu'il avait tenue avec Marie-Caroline aux Mesliers, il répondit noblement :

« — Vous me trouverez fort désireux d'expliquer tout ce qui m'est personnel, mais je ne peux aller au-delà. Je ne dois aucun compte de ce que Son Altesse Royale a pu me dire ; il ne m'appartient pas d'en parler sans son aveu. Comment pourrais-je rapporter une telle conversation ? Voudrait-on me contraindre à m'accuser moi-même ? Ou bien, pour me défendre, consentirais-je à montrer en opposition, qui ? Moi ! avec une personne dont les malheurs, le courage, la grandeur sont tels que les malheurs, le courage, la grandeur de Madame la Duchesse de Berry ? C'est ce que je ne puis faire, c'est ce que je ne puis dire ! Quelque péril qui me menace à raison de mon silence, je ne le dirai pas ! »

Et en prononçant ces paroles d'une voix émue, les larmes lui montaient aux yeux.

« — C'est beaucoup pour moi que d'avoir cette pensée satisfaisante pour l'honneur et le courage français que, depuis cinq à six mois que Madame la Duchesse de Berry est rentrée en France, elle a changé de demeure trois à quatre fois par semaine ; que, dans chacune de ses retraites, huit à dix personnes ont connu son secret, et que pas une seule n'a été tentée de la trahir ! »

Les applaudissements de l'assistance saluèrent ces paroles ; vainement le président voulut les comprimer. Alors vinrent les prétendus griefs d'accusation. Berryer, par son séjour à Nantes et en Vendée, s'était associé à l'attentat des royalistes pour renverser le gouvernement. — De plus, un témoin prétendait avoir reçu de lui deux brevets de colonel signés : *Caroline de Berry*, et cinq cents francs pour enrôler à Paris des soldats légitimistes.

L'orateur répondit avoir reçu, en effet, la visite d'un espion qui était venu lui faire des propositions d'embauchage, mais il l'avait accueilli comme il le méritait, en le mettant à la porte ; au reste, l'aventurier n'avait pas osé paraître à l'audience pour soutenir sa déposition.

Devant une telle inanité de preuves, qu'allait devenir le rôle de l'accusateur public ? Sentant l'odieux d'une conduite différente, il avoua franchement l'abandon de la poursuite :

« — Messieurs les jurés, dit-il, en acceptant la mission de venir accuser devant vous un député de la France, l'un des membres les plus distingués du barreau, un homme placé dans une haute situation sociale, protégé par l'intérêt qui s'attache naturellement à un grand talent, nous avons moins consulté nos forces qu'obéi au sentiment du devoir, à l'amour du bien public. L'accusation nous présentait M. Berryer comme complice des ennemis qui conspirent contre la liberté et le gouvernement. Notre zèle n'a pu nous faire oublier le devoir qu'imposent au magistrat la conscience et l'honneur ; c'est un de ces devoirs sacrés que nous venons remplir en ce moment devant vous, en déclarant que nous ne pouvons pas soutenir l'accusation. »

Cette déclaration fut naturellement accueillie par les applaudissements frénétiques de toute la salle.

« — Pas d'applaudissements ! reprit le magistrat. Qui fait son devoir n'en demande pas.... »

Après ces paroles qui supprimaient le rôle de la défense, les jurés se réunirent pour délibérer ; ils auraient voulu une formule qui non-seulement leur eût permis de déclarer l'accusé innocent, mais l'eût félicité de sa conduite. La loi n'en permettait pas ; et, sur l'heure, Berryer fut rendu à sa famille, à ses amis, à ses confrères et à toute la ville qui lui fit une ovation triomphale. Des quatre coins de la France arrivèrent les adresses, les félicitations, les remerciements, et les légitimistes firent frapper, à l'effigie de Berryer, une médaille qui portait cette inscription :

DÉFENSE DES DROITS LÉGITIMES ET DES FRANCHISES NATIONALES.

III

Berryer sortait grandi encore de cette épreuve qui montrait la noblesse d'âme et la générosité des sentiments qui l'animaient. Pour échapper aux démonstrations trop bruyantes de ses amis, et refaire une santé compromise par plusieurs mois d'étroite captivité, il partit pour la Suisse. Hélas! la liberté qu'il se donnait n'allait pas être de longue durée.

Après un voyage à petites journées, il arriva à Genève, et y apprit la nouvelle qu'il redoutait, l'arrestation de la duchesse de Berry.

Le soulèvement de la Vendée avait échoué. Après un ou deux glorieux faits d'armes, comme celui de la Pénissière, où quarante braves, insuffisamment armés, avaient défendu une masure en flammes contre l'attaque de plusieurs centaines d'hommes de troupe régulière, les chefs de l'insurrection avaient dû reconnaître leur impuissance et renvoyer leurs soldats.

La duchesse de Berry n'avait point quitté la France. « Errant d'asile en asile, déguisée en paysanne, faisant de longues marches à pied, gaie et forte, elle était en plein jour entrée à Nantes, et avait touvé dans la rue Haute-du-Château, chez Mesdemoiselles Duguigny, un refuge que la trahison de Deutz n'aurait pu elle-même violer, si elle n'avait eu pour complice la trop généreuse confiance de la princesse. En vain les conseils lui furent prodigués...., elle n'en tint pas compte et consentit à recevoir l'homme qui devait livrer le secret de sa retraite. Les gendarmes envahirent la maison; mais peut-être n'eussent-ils pas eux-mêmes découvert celle qu'ils cherchaient, si pour se réchauffer ils n'avaient eu l'idée d'allumer du feu dans une cheminée, derrière laquelle la fugitive était cachée. Durant seize heures, dans un étroit espace où tout mouvement était impossible, la duchesse de Berry était restée enfermée avec trois de ses compagnons.... Au contact de la flamme, elle dut se faire connaître. Elle ne voulut se rendre qu'au général Dermoncourt, se remettant à la loyauté du soldat. Elle s'exprimait avec un ton de grandeur, commandait tout autour d'elle, et paraissait vraiment la fille des rois (1). »

Néanmoins le gouvernement de Louis-Philippe avait donné l'ordre de la transférer à la citadelle de Blaye, où de tous les points de la France entière lui arrivaient des offres de dévouement. Chacun comprenait que la mission de la défendre revenait de droit à Berryer, et le duc de Fitz-James lui écrivait :

« Mon cher Berryer, si dans ces généreuses fonctions vous aviez besoin d'un aide, d'un scribe, de quelque manière que vous jugiez à propos de m'utiliser, je suis à vous, ou plutôt je suis à elle. »

Berryer en effet n'avait pas perdu un instant pour se mettre aux ordres de la mère de son Roi. N'ayant pas un instant la pensée de lui garder rancune pour avoir méprisé ses avis, il lui offrait encore ses services et la suppliait de les agréer. Quant à prendre un défenseur, lui disait-il, c'est inutile, vous ne devez reconnaître à personne le droit de vous juger.

En effet, l'avocat ne croyait pas que le gouvernement commettrait l'imprudence de traduire la duchesse en jugement; sa défense était pour lui une trop bonne fortune sur laquelle il n'osait compter.

(1) M. de Lacombe. Tom. II. *Berryer et la Monarchie de Juillet*, p. 83.

Son habileté à la Chambre des députés attira inutilement les ministres sur ce terrain; le duc de Broglie, comme M. Thiers, épouvantèrent tous les deux l'Assemblée par la peinture du soulèvement que causerait le transfert de la duchesse de sa prison jusqu'à Paris. Ils écartèrent donc le procès, mais par une inconséquence inexplicable, ils maintenaient la prisonnière dans sa forteresse.

La duchesse de Berry ne parut donc pas en personne devant les tribunaux, et Berryer n'eut pas à la défendre; mais son nom y fut traîné avec celui de ses partisans, et c'est le grand avocat royaliste qui se chargea de plaider leur cause.

La captivité de la princesse était trop ridicule, sa conduite trop chevaleresque, pour ne pas tenter la plume hardie des royalistes qui profitaient de toutes les fautes du nouveau régime, pour les flétrir et les jeter en pâture à l'opinion publique.

Chateaubriand, qui avec Berryer avait naguère prié Marie-Caroline d'attendre un moment plus favorable pour pénétrer en France, était cependant bien venu à dénoncer sa captivité et à célébrer son héroïsme. Dans un Mémoire célèbre, il jetait à l'univers entier cette apostrophe restée fameuse :

— Illustre captive de Blaye, Madame! Que votre héroïque présence sur une terre qui se connaît en héroïsme, amène la France à vous répéter ce que mon indépendance politique m'a acquis le droit de vous dire: *Madame, votre fils est mon Roi!....*

Accueilli avec enthousiasme, cet appel était devenu le cri de ralliement de tous les légitimistes; la presse, la jeunesse plus ardente encore, s'en étaient emparées et le lançaient à tous les échos. Le gouvernement s'émut et déféra devant la justice du pays, l'auteur de la brochure tant acclamée ainsi que tous les journaux qui en avaient publié des extraits.

Il appartenait encore à Berryer de prendre en main la défense du grand écrivain, dont il partageait les convictions politiques et dont il pouvait se dire l'ami.

Les débats s'ouvrirent le 27 février 1833, dans une salle trop étroite pour contenir la foule d'élite qui s'y pressait. On y voyait des hommes célèbres, qui pour une heure endossaient la robe d'avocat afin d'y trouver place. Berryer se livra à une de ses plus brillantes improvisations; c'est la veille au soir seulement, qu'assistant à la représentation d'*Othello,* il avait senti son âme vibrer sous le souffle puissant de l'harmonie du maître et qu'il avait arrêté les grandes lignes de son discours.

Le Procureur général, commençant par faire le procès de la Restauration, reprocha au régime disparu d'avoir enchaîné l'indépendance des idées. Berryer releva fièrement l'accusation en disant :

« La Restauration! mais il n'y a pas une de vos libertés, pas une de vos prérogatives que vous ne lui deviez. Oui, ce sont les actes de la Restauration sans cesse calomniés par vous, qui nous soutiennent et nous protègent contre les excès de chaque jour.... (*Bravo! Bravo!*) »

« Quant aux promesses, certes, nous savons les respecter. Nous savons que, si de leur côté on compte des faiblesses, de leur côté du moins on ne compte pas des crimes. (*Bravos prolongés.*) »

Puis après ce début, l'orateur présentait son client, et faisait de lui ce magnifique éloge :

« Cet homme qu'on accuse de méconnaître le caractère national et dont le nom a grandi, est devenu gigantesque, parce que les sympathies nationales ont vibré à tous les accents de sa voix.... (*Approbation marquée dans l'auditoire.*).... Cet homme a été indépendant en présence du pouvoir, objet de ses affections, comme il l'a été devant un pouvoir injuste et tyrannique; et c'est cet homme qu'on accuse, lui qu'ont éclairé tant d'évènements divers, lui que quarante années péniblement et noblement parcourues ont enrichi de tant d'expérience et de tant de lumière. Et l'on s'étonne qu'une révolution accomplie en quelques heures, à la suite d'évènements qui peut-être ne l'appelaient pas, n'ait pas tout à coup changé ses convictions, bouleversé son expérience!

« Et parce que cette révolution s'est opérée, il se trouve que M. de Chateaubriand n'a plus ni son esprit éclairé, ni son amour pour le bien public; il faut qu'il renonce à ses croyances; il faut qu'il cesse d'avoir confiance dans des principes et dans des opinions qui pendant tant de siècles ont fait la gloire de la France! (*Mouvement.*)

« Ne vous étonnez pas que cet homme ne cède point à votre conviction d'un jour et d'une heure. Il vous sera plus aisé de la modifier pour vous-mêmes que de la lui imposer et de le faire mentir ainsi à ce qui a été la loi de toute sa vie. »

Puis après avoir continué sur ce ton pendant plusieurs heures, et avoir fasciné de son regard aussi bien que de sa parole les jurés placés devant lui, il leur jette en terminant ce dernier cri de son âme :

« Messieurs, je m'en rapporte à vous, parce que vous êtes des hommes de bonne foi, libres de toute influence. Je m'en rapporte à vous, parce que vous êtes *peuple;* et cela me rappelle un fait que sans doute vous n'avez pas oublié. En juillet 1830, quand la sédition bouleversait la capitale, quand un peuple furieux hurlait dans la rue, un homme fut rencontré et reconnu; les cris de *Vive Chateaubriand!* s'élevèrent aussitôt, et M. de Chateaubriand fut porté presque en triomphe. Les hommes qui l'entouraient criaient avec énergie : Vive la charte! vive la liberté! — Vive la liberté! répliquait M. de Chateaubriand, mais aussi *vive le Roi!* On le porta ainsi jusqu'au palais du Luxembourg, comme pour lui dire : Asseyez-vous sur votre chaise curule, pair de France, faites entendre la voix de la liberté. Ce qu'il a dit en 1830 au milieu du peuple, il a cru pouvoir le rappeler dans sa brochure, il croit pouvoir le rappeler devant vous. Vous êtes Français, vous êtes peuple, vous acquitterez Chateaubriand ! »

Et un tonnerre d'applaudissements répondait à la voix fière de l'orateur, qui venait de remporter un de ses plus beaux triomphes. La maladresse du procureur lui permit de trouver un dernier trait qui l'accabla.

Dans son trouble, il osa reprocher à Berryer de venir ici faire de la popularité, disant « qu'il se garderait bien de se montrer dans la rue au peuple qui le mettrait en morceaux. » Berryer jeta sur son interlocuteur un regard plus douloureux qu'indigné, et se redressant lentement, il lui répondit d'un ton qu'on ne peut traduire, mais que ceux qui l'ont entendu une fois ne sauraient oublier :

« Et quoi! l'ai-je entendu? Il n'est pas vrai, suivant M. le Procureur général, que la souveraineté nationale doive s'exercer par la presse ; c'est l'épée à la main, c'est le canon grondant dans les rues, c'est par le sang inondant nos cités que cette souveraineté doit être exercée...... Et où sommes-nous donc ici, Messieurs? Ce palais ne fut-il pas la demeure du roi saint Louis, du premier justicier de France?.... Roi magnanime, c'est dans votre demeure, c'est au milieu de ruines que j'aperçois d'ici et que votre souvenir a consacrées, qu'on ose dire à l'écrivain : « Laissez là votre plume! Allez en armes sur la place publique où nous aurons des meurtriers pour vous répondre! »

Les bravos frénétiques vinrent dire que la cause était gagnée. A l'unanimité des jurés, Chateaubriand fut acquitté; on fit à l'accusé et à son défenseur une ovation enthousiaste au sortir du Palais, et dans la première effusion de sa reconnaissance, Chateaubriand dit à Berryer :

« Avant de vous avoir entendu, je ne savais pas ce que c'était qu'un orateur!.... »

C'est ainsi que Berryer, par la noblesse de sa nature, la fermeté de ses convictions et le talent de sa parole magnifique, était devenu l'oracle et la force du parti légitimiste.

CHAPITRE V

Berryer orateur politique et judiciaire.

La politique intérieure. — La politique étrangère. — L'orateur.

I

On se souvient que Berryer avait été envoyé comme député à l'Assemblée, dès 1830, par le département de la Haute-Loire. Le 15 mai 1834, la Chambre étant dissoute par une ordonnance royale, l'orateur se représenta devant ses électeurs et fut élu par quatre villes à la fois. La majorité jugea bon d'annuler l'élection d'Yssingeaux, et Berryer opta pour Marseille qui, fière de son représentant, lui resta toujours fidèle. Nul il est vrai ne pouvait mieux remplir le mandat dont il était investi. Se trouvant alors dans tout l'éclat de son talent, enveloppé déjà d'une auréole de gloire, Berryer arrivait à l'époque d'une phase parlementaire des plus mouvementées.

Le gouvernement de juillet, en s'emparant du pouvoir, avait proclamé bien haut le principe de la souveraineté du peuple, pour se concilier les partis les plus avancés ; effrayé des conséquences de cette doctrine, il commençait désormais à se montrer fort avare des libertés que naguère il affichait, et les républicains qui avaient aidé à chasser Charles X se séparaient maintenant de la cause de Louis-Philippe.

Cette défection devenait un renfort pour les royalistes, et le parti de l'opposition promettait au pouvoir une lutte acharnée. Le régime parlementaire est à son apogée et peut se glorifier du nombre et du talent de ses orateurs.

« Plusieurs grandes voix de la Restauration se font encore entendre. Laîné jette à la tribune son cri fameux : « Les rois s'en vont ! » et disparaît lui-même. Le vénérable Royer-Collard déplore la triste victoire de ses amis et rend en faveur de l'ordre moral ses derniers oracles : « Le respect est éteint et rien ne m'afflige davantage, car je n'estime rien plus que le respect. » Mais voici venir une génération plus brillante encore : le duc de Broglie, fidèle à la prière que son père lui avait faite avant de monter à l'échafaud en 93, de mettre toujours au-dessus de tout Dieu et la liberté, grand seigneur libéral, à l'éloquence élevée et savante, souple en politique « comme une barre de fer ; » le comte Molé, orateur à la fois solide et agréable, qui sut tenir tête à tous les autres coalisés contre lui ; Villemain, plein de nuances, avec ses académiques railleries; Cousin, plus vigoureux, plus véhément, plus philosophe sans être moins élégant; Dupin, le grand avocat bourgeois, toujours étincelant de sarcasmes et de bons mots; Odilon Barrot, dialecticien puissant, un des trois ou quatre capables d'improviser une réponse dans les discussions élevées ; puis M. de Lamartine, celui de tous qui vivra le plus longtemps, non peut-être pour ses harmonieux discours, mais pour ses admirables poésies ; Montalembert, le vaillant champion des idées catholiques à la Chambre des pairs; enfin et surtout Thiers, Guizot et Berryer; Thiers, la causerie spirituelle, délicate et variée; Guizot, le grand historien, l'homme d'Etat éminent et le premier des orateurs de cette époque, si Berryer, comme on l'a dit, n'était l'éloquence même (1) »

Tel était le milieu dans lequel Berryer allait combattre pour la défense des convictions qui lui étaient chères, quinze ans durant il se fit applaudir de tous les partis, gagnant malgré les luttes passionnées et irritantes, l'estime et, on peut dire plus, l'affection de tous. La loyauté de

(1) Le P. LECANUET. *Berryer*, p. 162.

son caractère opérait ce prodige auquel un de ses adversaires rendit hommage un jour : « Comment faites-vous donc pour n'avoir pas un ennemi, alors que nous en avons tant et de si fougueux ? Vous devez avoir un trésor d'amour caché quelque part. »

Et cependant l'orateur ne ménagea pas le pouvoir et ne flatta guère le parti vainqueur. Dénonçant à tout instant les violations de la Charte, il flétrit les contradictions de ces libéraux de la Restauration, qui, devenus ministres, abjurent les doctrines soutenues dans l'opposition.

En vain le duc de Broglie veut couvrir du prétexte de la nécessité cette politique nouvelle derrière laquelle s'abrite la tyrannie, Berryer la dénonce à toute la France et conjure l'Assemblée de ne pas suivre « cette route, mortelle pour la liberté, l'ordre, la stabilité, le repos du pays. »

Le ministère, attaqué par les républicains et les légitimistes, veut railler cette alliance nouvelle et se laisse aller à des récriminations amères. Berryer y répond en établissant que c'est l'attitude ministérielle « qui perpétue cette centralisation immorale » et dans un noble mouvement, il stigmatise cette politique d'entre-deux, sans dignité et sans franchise :

« — Dans un pays où la souveraineté du peuple a été consacrée par les uns et imposée aux autres, au milieu d'une nation où vivent deux opinions enracinées par ses mœurs, ses souvenirs, sa gloire, ses intérêts antiques ou récents, ses lois anciennes ou nouvelles, venir, comme l'essayent MM. les ministres, venir dans un tel pays se placer entre ces deux opinions, et, du haut de la force matérielle, du haut de ces bataillons et de ces budgets dont, par aventure, on dispose, s'écrier : « Ni l'une, ni l'autre ! » cela peut s'appeler *juste-milieu,* mais cela n'est pas un gouvernement, cela n'est ni justice, ni sagesse, ni loyauté. (*Applaudissements, bravos dans plusieurs par-*

ties de la salle. Une longue agitation succède à ce discours. M. Guizot, ministre de l'Instruction publique, est à la tribune et attend longtemps avant de se faire entendre.)

Le même ministère avait préparé une loi sur les *Associations,* qui limitait à vingt personnes le droit de réunion. En le défendant, M. Guizot s'était oublié jusqu'à dire : « La *faction* (l'orateur voulait désigner par là les exaltés du parti légitimiste) subsistera longtemps ; elle sera longtemps dans l'attitude qu'elle a prise sous vos yeux, dans ce mélange bizarre *d'insolence aristocratique* et de *cynisme révolutionnaire.* Je ne crois pas, pour ma part, que jamais cette faction ait offert, dans son langage, dans son attitude, un aspect plus immoral, plus répugnant... » Berryer s'élança immédiatement à la tribune pour relever un outrage qui atteignait tout le parti légitimiste :

« — *L'insolence aristocratique,* dit-il, quelle que soit l'opinion politique à laquelle j'appartiens, ne me conviendrait guère à moi, né dans la classe moyenne, à moi, fils du travail de mon père et de mes propres travaux. Le *cynisme révolutionnaire?* Je l'ai bien plus en horreur, je le déteste à l'égal du despotisme... S'il y avait quelque chose d'abject et de rebutant dans le parti politique auquel j'appartiens, ce serait après tout sa crédulité. Pourquoi suis-je à cette tribune? Pourquoi suis-je demeuré au milieu de vous? Pourquoi ai-je persisté à exercer mes droits politiques?...

« C'est que j'ai cru à la vérité de vos paroles, à la sincérité de vos engagements ; c'est que j'ai cru que le principe que vous consacriez n'était pas un vain jeu ; c'est que j'ai cru que ce n'étaient pas d'inutiles paroles, jetées en avant pour tromper le peuple, sous l'empire de l'erreur où on le précipitait, pour s'emparer du pouvoir et en devenir maîtres, aux dépens de toutes les libertés du pays. Je l'ai cru ! Et pour ceux qui partagent ma conviction, qui demandent toutes les garanties que vous avez

Entrevue avec la Duchesse de Berry.

promises, qui veulent vous faire respecter les engagements contractés que vous violez aujourd'hui, il n'y a d'abject et de rebutant que la crédulité qu'ils ont eue pour vous!... »

Puis après cette ferme réplique, Berryer combattit le projet comme attentatoire au droit naturel d'association, tout en réclamant des restrictions contre les sociétés secrètes. M. Guizot, reprenant ses arguments, crut habile d'insinuer qu'en soutenant ce projet, il ne faisait qu'imiter un grand homme d'état, Pitt, qui avait soumis l'Angleterre aux mêmes lois. La science et l'éloquence de Berryer lui ménagèrent une autre riposte qui atteignit le ministre en pleine poitrine :

« — Il est vrai, Messieurs, en 1797, Pitt se présenta devant le Parlement anglais ; mais il ne vint pas, comme le ministre actuel, contester ce droit, le méconnaître, l'attaquer dans son action, son exercice le plus légitime, le plus nécessaire. Pitt vint en gémissant faire un tableau de la situation de l'Angleterre. La guerre régnait dans toute l'Europe ; l'Angleterre était aux prises avec l'immense puissance que développait la France... Pitt vint avec la dignité, mais aussi avec la douleur d'un bon citoyen, exposant cette situation critique... et il demanda en suppliant, au Parlement britannique, qu'il lui fût permis *de voiler pendant trois ans la statue de la liberté* ; je crois me rappeler ses propres paroles ! » (*Vive sensation dans l'Assemblée*).

Le rapprochement de la *dignité* du ministre anglais et de l'attitude de M. Guizot avait surtout frappé les esprits ; et la question s'envenimant de plus en plus, un orateur eut l'impertinence de reproduire la première injure au parti légitimiste. Indigné d'une telle opiniâtreté dans l'insulte, Berryer bondit à la tribune, et jetant un regard de mépris sur le banc des ministres, dont plusieurs avaient servi la Restauration, il leur lança cette foudroyante apostrophe :

« — Quoi, c'est après quatre ans d'une révolution

qu'on nous a dit à nous, en nous l'imposant, être faite dans l'intérêt des libertés publiques, que l'on vient audacieusement détruire, anéantir toutes les libertés, ravir à l'homme une faculté naturelle, seul moyen de lui assurer la liberté qu'on lui a promise. Voilà l'état auquel vous nous avez réduits ; et cela me prouve une chose, c'est qu'il y a quelque chose de plus déplorable, de plus dangereux que le cynisme révolutionnaire, c'est le *cynisme des apostasies*. »

Cette phrase eut un effet prodigieux sur l'Assemblée. Un témoin oculaire raconte : « J'assistais à cette séance dans la tribune des journalistes ; je n'oublierai jamais la physionomie, l'accent, le geste de l'orateur. Quand la terrible phrase tomba, je vis au banc des ministres, anciens serviteurs de la Restauration, des têtes se baisser, comme à la mer on courbe la tête pour laisser passer la vague qui arrive (1). »

Des débats aussi orageux ne laissaient pas que d'ébranler fortement les hommes au pouvoir ; les ministères se succédaient avec une désastreuse facilité et Louis-Philippe qui tout d'abord n'avait pas vu sans un certain plaisir, cette succession d'hommes qui recherchaient les faveurs de son gouvernement, songea enfin à une politique plus autoritaire. Ce fut le comte Molé qui en fut le représentant ; au bout de deux ans, il succombait sous les coups qui avaient renversé ses prédécesseurs et M. Thiers arrivait au pouvoir.

Passionné pour Napoléon, le nouveau ministre ne se contentait pas d'en retracer l'histoire sous des couleurs flatteuses ; il voulut rendre à la France, les dépouilles du grand capitaine que l'Angleterre gardait à Saint-Hélène. Cette apothéose imprudente compromit le régime qu'il servait et prépara la restauration impériale. Pour la hâter, le prince Napoléon tentait à Boulogne un soulèvement de l'armée en sa faveur.

(1) NETTEMENT.

Les soldats du 42e avaient répondu à ces avances par trop peu d'enthousiasme, le mouvement échoua et le prince n'eut que le temps de s'élancer dans un canot pour gagner la pleine mer. Mais le canot chavire, le prince est pris et amené à Paris pour être traduit devant la Chambre des Pairs constituée en haute Cour de justice. Connaissant le caractère de Berryer, l'héritier de l'Empire n'hésita pas un instant à lui confier le soin de le défendre ; Berryer accepta et remplit sa mission avec une habileté et surtout une audace sans précédent.

Mettant à profit l'imprudence du gouvernement, l'orateur faisait bien vite ressortir les circonstances dans lesquelles la tentative de Boulogne s'était produite :

« — Qu'est-il arrivé ?... A peine le ministère a-t-il touché le pouvoir... qu'il a voulu réveiller des souvenirs et il est allé invoquer la mémoire de celui qui avait promené la grande épée de la France depuis l'extrémité du Portugal jusqu'à l'extrémité de la Baltique. Il a voulu qu'elle fût montrée à la France, cette grande épée qui avait presque courbé les Pyramides et qui avait presque entièrement séparé l'Angleterre du continent européen. Toutes les sympathies impériales, tous les sentiments bonapartistes ont été profondément remués pour réveiller en France cet esprit guerrier. La tombe du héros, on est allé l'ouvrir, on est allé remuer ses cendres dans Paris et déposer glorieusement ses armes sur un cercueil.

« Vous allez juger, Messieurs ; est-ce que vous ne comprenez pas ce que de telles manifestations ont dû produire sur le jeune prince? Est-ce dans cette enceinte où je vois tant d'hommes décorés de titres qu'ils n'ont pas reçus avec la naissance, qu'il me sera interdit de dire ce que cette grande provocation au souvenir de l'empereur a dû remuer dans le cœur de l'héritier d'un nom héroïque ? »

Et l'orateur insiste sur ce fait :

« — Soyons hommes, Messieurs, et jugeons humainement les actions humaines. Le jeune prince a vu signer le traité de Londres, il s'est trouvé au milieu des hommes qui ourdissent ce plan combiné contre la France, et vous ne voulez pas que ce jeune homme, téméraire, présomptueux, aveugle tant que vous voudrez, mais avec un cœur où il y a du sang, et à qui une haine a été transmise, sans consulter ses ressources se soit dit : « Ce nom qu'on fait retentir, c'est à moi qu'il appartient ! C'est à moi de le porter vivant sur la frontière ! il réveillera la foi dans la victoire. » Ces armes, qui les déposera sur son tombeau ? Pouvez-vous disputer à l'héritier du soldat ses armes ? Non, et voilà pourquoi, sans préméditation, sans calcul, sans combinaison, mais jeune, ardent, sentant son nom, sa destinée, sa gloire, il s'est dit : « J'irai, je mènerai le deuil, je poserai ses armes sur sa tombe, et je dirai à la France : « Me voici !... Voulez-vous de moi ?... » (*Vive sensation.*)

Les pairs, étonnés de cet irrésistible enchaînement d'idées, s'agitaient sur leurs bancs, mais Berryer, sûr de l'ascendant qu'il exerce, ne craint pas de leur lancer cet audacieux défi :

« — Quelle peine pourriez-vous prononcer ?... On veut vous faire juger, mais comment pourriez-vous condamner le neveu de l'empereur ? Qui êtes-vous donc ? Comtes, barons, vous qui fûtes ministres, généraux, sénateurs, maréchaux, à qui devez-vous vos titres, vos honneurs ?... En présence des engagements qui vous sont imposés par les souvenirs de votre vie, des causes que vous avez servies, de vos serments, des bienfaits que vous avez reçus, je dis qu'une condamnation serait immorale ! Et il y faut penser sérieusement : il y a une logique inévitable et terrible dans l'intelligence et les instincts des peuples, et quiconque, dans le gouvernement des choses humaines, a violé une seule loi morale, doit attendre le jour où le peuple les brisera toutes sur lui-même. » (*Longue agitation dans l'assemblée.*)

Un critique déclare que, par sa hardiesse contenue,

ses témérités calculées, ce discours mérite d'être regardé « comme le chef-d'œuvre de l'art d'oser. »

Quelques jours après, le prince Napoléon écrivait à Berryer :

« Je ne veux pas quitter ma prison de Paris sans vous renouveler tous mes remerciements pour les nobles services que vous m'avez rendus pendant mon procès. Dès que j'ai su que je serais traduit devant la cour des Pairs, j'ai eu l'idée de vous demander de me défendre, parce que je savais que l'indépendance de votre caractère vous mettait au-dessus des petites susceptibilités de parti, et que votre cœur était ouvert à toutes les infortunes, comme votre esprit était apte à comprendre toutes les grandes pensées, tous les nobles sentiments. Je vous ai donc pris par estime, maintenant je vous quitte avec reconnaissance et amitié.... »

Vingt-cinq mille francs accompagnaient la lettre du prince ; Berryer les refusa, et, le lendemain, Napoléon écrivait de nouveau :

« Vous avez raison, nos rapports ne sont pas de ceux de client à avocat. Nous sommes égaux ; car si je suis prince par le sang, vous l'êtes par le cœur et par le talent. »

II

Cette lettre était datée du 5 octobre 1840. Berryer parvenait alors à l'apogée de sa gloire, et, selon le mot de Royer-Collard qui s'y connaissait dans les choses de l'esprit, la France attendait ses discours « comme un évènement. » Quelques mois auparavant, M. Thiers n'avait pu s'empêcher de décerner au grand orateur, cet éloge précieux dans sa bouche :

« — Je crois, Messieurs, que je rendrai le sentiment

unanime de la Chambre, quand je dirai que vous venez d'entendre une parole magnifique. »

Le monde politique était alors passionné par la question d'Orient et Berryer avait naturellement sa part dans ces préoccupations. A notre insu, l'Angleterre, la Russie, l'Autriche et la Prusse venaient de régler le sort de notre allié, le vice-roi d'Egypte, et le pacifique roi des Français, Louis-Philippe, ne songeait nullement à protester contre l'insolence de l'Europe, ou du moins à défendre efficacement l'ami et le propagateur de l'influence française en Orient. M. Guizot appuyait encore cette politique, quand Berryer, jaloux de l'honneur national, se fit dans un discours d'éclat, l'interprète de l'indignation publique.

Il rappela d'abord la parole de lord Palmerston, le ministre anglais : « Après beaucoup d'humeur et de déplaisir, la France cédera, et l'affaire d'Orient aura été réglée, comme l'Angleterre l'aura voulu ! » Et ensuite il faisait contre M. Guizot, qui avait quitté son ambassade de Londres pour redevenir président du Conseil des ministres, cette véhémente sortie :

« — Eh quoi! Messieurs, il y a un pays au monde, où les ambassadeurs entendent de telles paroles, où ils les écrivent, et restent à leur poste et deviennent ministres, pour assister au jour où les choses s'accompliront comme elles ont été dites...... Non, Messieurs, non! ce n'est pas de la France qu'on a dit cela. Non, quoique vous ayez fait, on n'a pas dit cela de la France, et ceux qui au jour de nos plus grand désastres, ceux qui, à Waterloo même, ont vu comment tombaient nos guerriers, n'ont pas dit cela de la France ; ce n'est pas de la France, ce n'est pas d'elle qu'on a parlé ! »

Cette impétueuse protestation, destinée à réveiller même chez les ministres le juste sentiment de l'honneur, n'était qu'un exorde ; l'orateur entrait ensuite dans le vif de la question par le tableau de l'influence française, jusque-là prépondérante en Orient :

« — Fortifiée, je dois le dire, par l'expédition de Grèce

et surtout par la prise d'Alger, cette influence avait des siècles d'origine ; elle avait été rajeunie par Napoléon dans la savante et héroïque expédition d'Egypte. Quel homme est allé en Orient sans en parler, sans la reconnaître, sans ouvrir son imagination à de magnifiques spéculations sur les avantages que la France pouvait y tirer de son ascendant, de son crédit, de son autorité morale, intellectuelle et guerrière, dans ces contrées? Qui ne l'a pas constatée ? Et que devient-elle? Messieurs, je n'aime point les vaines phrases, mais les idées m'appellent.

« Messieurs, je l'entends, je l'entends, ce canon de Saint-Jean-d'Acre ; j'entends au fond de la Méditerranée, le canon anglais qui brise Saint-Jean-d'Acre, devant lequel Napoléon s'était arrêté. (*Mouvement.*) Et vous allez entendre aux rives d'une autre mer, un autre canon qui vient vous annoncer l'arrivée des restes du prisonnier des Anglais. A ses funérailles et dans sa tombe même, est-ce que vous ensevelirez sans gémir, sans protester, l'ascendant qu'il vous avait conquis et que vous gardiez encore? (*Longs applaudissements.*)

« Que penser après cela de cet humble langage de l'adresse : *si les droits méconnus, si l'honneur de la France le demandent?....* Il semblerait donc que nos droits n'ont pas été méconnus, et que l'honneur de la France n'a pas reçu d'atteinte? Comment! nos droits n'ont pas été méconnus ? Et que sommes-nous donc dans le monde, et de quoi s'est-il agi? D'un grand règlement territorial, d'un partage d'influence, ou d'une simple délibération, si vous le voulez, sur l'équilibre du monde européen; et la France n'a pas délibéré ! Et ce ne sont pas là des droits méconnus?... Ceci ne touche point à votre honneur? » (*Bravos prolongés.*)

L'Assemblée s'agitait sur ses bancs et donnait tous les signes d'adhésion à l'orateur, pendant que les ministres gardaient un honteux silence; Berryer termina son discours par cette fière apostrophe :

« .... Je connais mon pays, je connais ses sentiments ; je sais que pour les hommes les plus attachés à des convictions qui constituent un parti, il y a des sentiments qui dominent tout, qui emportent tout, et ce sont ces sentiments-là qui doivent réunir tout ce qui vit d'intelligence, de force et d'énergie en France ; ce sont ces sentiments qui prévaudront. Oui, la France, s'il le faut, se lèvera avec énergie, avec dignité, pour ce qui est juste, pour ce qui est honnête et glorieux ; et *malgré vous*, elle sera encore la plus noble et la plus redoutée des nations de la terre. » (*Acclamations unanimes.*)

Jamais parole ne fut plus digne et en même temps plus écrasante pour l'adversaire ; Berryer triompha glorieusement, et au lieu du « langage résigné » qui avait servi à rédiger l'adresse, le gouvernement fit entendre des accents nobles et fiers. Toute la presse, au lendemain de cette journée, saluait l'orateur royaliste comme le vengeur de l'honneur national.

Il n'y a que les hommes pleinement convaincus qui peuvent trouver dans leur âme le secret de ces discours qui remuent toute une nation ; en ces joutes oratoires, la force de Berryer était sans doute dans son talent magnifique, mais aussi dans le grand amour que cet illustre citoyen portait à son pays. Il est une autre passion qui se partageait son cœur, c'est le dévouement à ses princes exilés; ce sentiment lui dicta un jour un de ses discours les plus heureux.

Fidèles au souvenir, plusieurs de ses collègues et lui étaient allés saluer dans l'exil le comte de Chambord, et porter à ce fils de la duchesse de Berry, héritier légitime du passé glorieux de la France, des hommages aussi désintéressés que sincères. Les flatteurs du gouvernement de Juillet avaient voulu profiter de cette démarche pour jeter sur les légitimistes un nouveau discrédit, mais Berryer se leva lentement et porta à ses adversaires ce noble défi :

« — On peut bien combattre notre foi politique, mais on ne peut pas dire que nous ne sommes pas gens d'honneur ; non, nous ne craignons pas que la colère monte contre nous !... Nous ne serons jamais de ceux qui cachent leurs pensées et leurs sentiments, caressant le pouvoir qui est debout pour le maudir au jour de son malheur. »

Fort de sa majorité, M. Guizot crut cependant l'occasion bonne pour remporter sur Berryer un triomphe facile et pour insinuer, avec une hypocrisie puritaine, que « dans ces manifestations la *moralité politique* était gravement blessée et qu'on devait *flétrir* l'oubli des devoirs du serment, l'oubli des devoirs du citoyen, l'oubli des grands intérêts du pays. »

Aucune injure ne pouvait être plus sensible à Berryer ; il s'élance à la tribune, et malgré son aversion ordinaire pour les personnalités, il jette à la tête du ministre qui veut être habile et n'est que maladroit, le souvenir de son voyage à Gand et de ses avances à Louis XVIII :

« — Messieurs, je ne veux pas me laisser animer aux paroles que je viens d'entendre. Je veux que vous en mesuriez vous-même la portée. Je ne reporterai pas mes souvenirs sur d'autres temps, je ne me demande pas ce qu'ont fait les hommes qui viennent dire aujourd'hui qu'on a perdu la moralité politique, qu'on a manqué aux devoirs de citoyen. La moralité politique ! mais que de choses se sont passées dans ce pays, qui sont connues de tout le monde !....

« Quand des hommes ont été, et le déclarent sur l'honneur devant vous, devant le pays, devant Dieu qui les entend, ont été saluer, oui, saluer cette grande infortune ; oui, lui parler de sa patrie ; oui, lui dire que le premier besoin de ce pays était de demeurer en paix, de vivre par tous et du concours de tous, dans la pleine et libre exécution des lois ; quand ils ont trouvé dans ce prince banni ces sentiments et cette abnégation de toute pensée perturbatrice du pays, on vient vous dire que c'est une atteinte à la moralité politique, et que c'est avoir trahi les devoirs de citoyen; et on nous le dit, à nous, dans quelles circonstances!... Je le demande, si nous étions allés aux portes de la France.., devant l'Europe assemblée en armes, porter des conseils politiques, aurions-nous manqué à la moralité politique? Vous ne le pensez pas; vous vous en êtes glorifiés!...

« Eh bien! moi, je ne dis pas que je suis allé porter ou chargé de porter les conseils d'un autre; je dis que je suis allé saluer le malheur et dire à celui qui pouvait laisser s'élever dans son cœur un souvenir du passé, un souvenir de tout ce dont il a été dépouillé : « Laissez la France en paix! »

Ces paroles jetèrent dans le Parlement une telle agitation que, quand M. Guizot voulut se disculper et entreprendre son apologie, les interruptions les plus violentes vinrent lui couper la parole, et c'est alors qu'il laissa tomber ces mots célèbres qui montrent à quelle profondeur sa fierté avait été blessée :

« Quant aux injures, aux calomnies, aux colères extérieures, on peut les multiplier, les entasser tant qu'on voudra, on ne les élèvera jamais à la hauteur de mon dédain. »

Le coup avait porté juste, et, une fois de plus, Berryer avait su découvrir le point vulnérable.

III

Bien d'autres triomphes vinrent s'ajouter à ceux-ci; il faudrait citer un grand nombre de discours où l'éloquence de l'orateur se montre dans la plus vive lumière; mais nous nous bornons, pour ne pas entraîner nos jeunes lecteurs dans des questions qui leur sont encore étrangères.

En revanche, le moment est venu de porter sur notre héros le jugement qu'ils attendent. On admire dans Berryer une magnifique intégrité de caractère et une puissante autorité morale, mais leur force particulière tient aux incomparables facultés oratoires qui les servent.

Intelligence vive, pénétrante, universelle ; mémoire sûre qui enchaîne dans un ordre parfait ces connaissances multiples ; sensibilité exquise qui donne aux élans de son âme une émotion fatalement communicative ; voix harmonieuse et vibrante ; geste expressif et imposant; regard qui s'anime et qui lance des flammes ; — tel est l'ensemble qui constitue le talent oratoire de Berryer et en fait l'égal des grands orateurs de l'antiquité.

Un des maîtres qui l'avaient entendu et étaient le plus à même de le juger, disait : « J'ai entendu Mirabeau dans sa gloire, j'ai entendu M. de Serre et M. Lainé. Aucun n'égalait M. Berryer dans les qualités principales qui font l'orateur. » Cette parole sincère donne la vraie note sur le talent de Berryer. Il n'y eut pas dans ce siècle une parole comparable à la sienne.

Le nom de Mirabeau qu'on trouve toujours à côté du sien doit être écarté, car l'éloquence fougueuse du tribun révolutionnaire fut servie par les évènements et par les sympathies d'une assemblée dont il flattait les viles passions. Berryer, au contraire, membre d'une minorité réduite, parle devant un public hostile. Parfois il est seul contre tous; ministres, députés, principes impopulaires, il a tout à vaincre et cependant il domine la Chambre et la courbe sous le joug de son éloquence victorieuse.

Disons de suite, pour répondre à un reproche souvent répété, que les discours de Berryer perdent beaucoup à la lecture. C'est qu'ils sont faits pour être entendus et non pas pour être lus à tête posée ; il faut entendre Berryer, « comme il faut voir le volcan dans l'impétuosité de l'éruption ; ceux qui viennent trop tard ne rencontrent plus qu'une lave refroidie, comme ceux qui liront Berryer y trouveront beaucoup de pages froides et décolorées. C'est qu'il y manque le geste, le regard, la voix, l'action en un mot, qui est l'âme de l'éloquence. Malgré tout, on sent encore courir, çà et là, le frémissement d'une parole ardente (1). »

Le secret de l'éloquence de Berryer est tout entier dans son improvisation : un jour il disait lui-même à la Chambre : « Je vous apporte mon idée, et c'est vous qui faites mon discours. » Ce secret, il pouvait le livrer sans crainte ; il n'est pas donné à tous de l'exploiter ; il faut pour cela avoir reçu du ciel les grands dons qui font le véritable orateur. Berryer improvise donc, mais après une laborieuse préparation.

Il médite son sujet, le retourne en tous les sens, le creuse avec effort. « Grâce à cette réflexion, il ne reste pas à fleur des choses, mais il va jusqu'au fond. De la sorte, les aspects divers d'une affaire complexe sont vus, examinés, étudiés, approfondis d'avance. Aussi, quand il monte à la tribune de la Chambre ou se lève à la barre du tribunal, Berryer a *son idée*, c'est à l'auditoire de faire son discours. Fort de cette méditation, il voit nettement le but où il veut parvenir et les chemins variés qui y peuvent conduire. Cependant rien n'est arrêté dans le détail, d'une façon rigide et irrévocable. Deux points seulement sont fixes, le point de départ et le point d'arrivée, le sujet à traiter et le terme à atteindre, la source et l'embouchure. Entre ces deux points extrêmes, l'éloquence de Berryer, qui peut librement se mouvoir, va se creuser un lit profond : la route à suivre, pour aller de l'un à l'autre, sera choisie et tracée d'après des circonstances multiples de temps et de lieux, de personnes et d'intérêts, comme la direction d'un courant est subordonnée à la pente et aux accidents du terrain. Berryer varie son éloquence, dispose ses arguments, dirige le cours de la discussion d'après les incidents que font surgir

(1) Le P. SORTAIS. *Etudes religieuses*, t. LIII, p. 295.

brusquement les orateurs de la partie adverse. C'est aussi l'auditoire, avec sa mouvante physionomie et ses ondulations capricieuses, qui règle sa marche, la ralentit où l'accélère : en présence de regards qui brillent, au contact de cœurs qui battent, Berryer s'anime, Berryer s'enflamme, Berryer est transfiguré. Il y a action et réaction incessante, flux et reflux d'impressions entre lui et l'auditeur. A ce prix, Berryer est vivant, actuel, souple, mouvementé, communicatif, irrésistible (1). »

Parvenu à la fin de sa carrière, Berryer, dans un moment d'abandon, a livré à un de ses amis tous ses procédés oratoires, confidence intime qu'on ne lit pas sans curiosité :

« Quand j'ai une cause à plaider ou un débat politique à soutenir, je charge un secrétaire de classer toutes les pièces du procès ou tous les documents sur la question à discuter. Ce dossier fait, je le lis et relis plus ou moins, suivant l'importance et la complexité de la cause, jusqu'au moment où je suis parvenu à démêler l'écheveau et à loger, en bon ordre, dans ma mémoire, les plus minces particularités et les moindres dates. Puis, ici ou là, à temps et à contretemps, dans la solitude de mon cabinet, allant et venant, avant de m'endormir le soir, je rumine longuement cet amas de matériaux, je considère les côtés divers de la question, le pour et le contre, le fort et le faible, le principal et l'accessoire. Quand j'ai conquis par ce rude labeur une idée claire, je me forme une conviction et j'arrête mon plan dans ses grandes lignes. Après cela je suis prêt, je ne crains rien. »

Et la figure de l'orateur blanchi dans la lutte s'éclairait d'un bon sourire de satisfaction qu'il réprimait bientôt en disant :

« Non pas que je ne ressente toujours, en montant les degrés de la tribune ou en me levant à la barre du tri-

(1) G. SORTAIS, *loc. cit.* — V. cet article très intéressant dont nous avons emprunté les conclusions.

bunal, comme un bouillonnement de fièvre ; c'est la fièvre oratoire, dont je ne suis pas encore guéri à soixante-dix ans ; mais je veux dire que je ne crains pas de rester à court, car, en vertu de la préparation du sujet, qui m'en a fait voir tous les tours et détours, je puis, séance tenante, après la plaidoirie de la partie adverse ou le discours de « l'honorable préopinant », je puis, modifiant le plan que j'avais ébauché, changer la position de mes batteries et faire ainsi face à toutes les attaques et à toutes les surprises. Un discours est une bataille ; le mérite est de deviner le plan de l'ennemi ; la tactique consiste, quand les prévisions ont été déçues, à prendre sur-le-champ des dispositions nouvelles... Le dernier mot de cette stratégie oratoire est dans l'improvisation. »

Nous nous arrêtons sur ce mot, car c'est à lui que nous devons le grand orateur que fut Berryer. Ce talent d'improvisation mis au service d'une grande âme et d'un grand caractère, l'a placé sans rival dans notre XIXe siècle (1).

(1) Pour fortifier cette appréciation, nous extrayons cette page d'un livre récent qui semble ajouter un rayon de plus à la gloire du maître : « Qui n'a pas entendu Berryer, en l'un de ses beaux jours, ignore ce qu'est l'éloquence... Ses discours, quoique conservant encore dans leur mort le mouvement de l'argumentation, l'élévation de la pensée, la vivacité du sentiment, ne donnent aucune idée, à cause de leur forme décolorée, de la sensation extraordinaire qu'ils produisaient. C'est qu'ils n'ont pas conservé le timbre harmonieux de cette voix pleine, égale en ses diverses notes, passant par des gradations musicales merveilleusement ménagées, des familiarités caressantes aux gravités solennelles, des douces insinuations aux explosions pathétiques ; c'est qu'on n'y retrouve plus son action fascinante, tour à tour spontanée et savante. Il débutait parfois avec impétuosité ; parfois aussi, lent et comme embarrassé, il ouvrait avec quelque effort ses ailes appesanties qu'un souffle suffisant ne soulevait pas encore.

« A mesure qu'il s'échauffait, ses ailes s'étendaient puissamment et largement ; sa tête superbe s'illuminait, son œil lançait des flammes, sa diction se précipitait sans devenir cependant ni tumultueuse ni confuse. Enfin, lorsque, haletant sous la main de la divinité qui envoie les grands accents, les veines du front gonflées, la lèvre frémissante, les mains elles-mêmes devenues parlantes, soulevé à chaque instant plus haut par la commotion qu'il avait communiquée à l'auditoire et que celui-ci lui

Berryer à la Tribune.

Achevons ce portrait par le coup de pinceau que lui a consacré un de ses collègues dans un livre célèbre, et qui est devenu presque classique :

« La nature a traité Berryer en favori. Sa stature n'est pas élevée, mais sa belle et expressive figure peint et reflète toutes les passions de son âme. Il vous fascine de son regard fendu et velouté, de son geste merveilleusement beau comme sa parole : Il est éloquent dans toute sa personne. Il domine l'Assemblée de sa tête haute. Il la porte en arrière comme s'il en était le maître, j'allais dire le despote. Sa poitrine se gonfle, son buste s'étale, sa taille s'allonge et l'on dirait un géant. Son front rugueux s'échauffe, et quand sa tête bout, ses pores transsudent du sang (1). »

renvoyait accrue, prolongée, irrésistible, il s'abandonnait, comme s'il eut été sur un trépied, à l'un de ces transports lyriques dont on n'est plus le maître, dans lequel on voit ce qu'on décrit et l'on ressent ce qu'on exprime, les souffles étaient suspendus, on entendait le battement contenu des cœurs, et l'on ne retrouvait la faculté d'éclater en enthousiastes acclamations qu'au moment où, à bout de forces, il s'affaissait brisé sur le marbre de la tribune. « Quand il a fini de parler, me disait l'illustre avocat Marie, on a envie de s'embrasser. » (M. Emile OLLIVIER, *l'Empire libéral*.)

(1) TIMON, *les Orateurs*, t. II.

CHAPITRE VI

Berryer défenseur des libertés religieuses.

Le procès Lamennais. — L'affaire des Jésuites. — Montalembert et Monseigneur Dupanloup.

I

La monarchie de Juillet, élevée sur les barricades, s'était à son tour écroulée sous les coups de l'émeute victorieuse et le roi des Français, Louis-Philippe, partant pour l'exil, répétait avec amertume : « Comme Charles X, comme Charles X!... » Une république boîteuse, faite de discordes et de discussions, aboutissait bientôt au coup d'Etat du 2 décembre 1851. En vain, Berryer, protestant contre ce triomphe de la force, avait essayé d'organiser la résistance dans la mairie du Xe arrondissement; le droit était une fois de plus vaincu et le soir même le défenseur de Louis-Napoléon était interné à Vincennes avec ceux de ses collègues dont on redoutait l'action.

Quelques jours après, les députés recouvraient leur liberté, mais écœuré de ce triomphe trop facile, le grand orateur renonçait à faire partie du Corps législatif qui allait remplacer l'Assemblée ancienne et l'écrivait à ses électeurs de Marseille :

« — Depuis quarante ans j'ai consacré tous les efforts de mon intelligence au service et à la défense de notre vieille société française ; je ne déserterai pas plus aujourd'hui la cause des libertés publiques que je ne trahirai ma foi et ma fidélité au principe de la souveraineté traditionnelle... Qu'irais-je faire dans ce nouveau Corps législatif, d'où la vie politique est entièrement retirée, et où je ne trouverais ni l'action publique, ni l'indépendance que les Révolutions de 1830 et de 1848 ne nous avaient pas ravis ?... »

Après vingt ans de luttes et de triomphes oratoires, Berryer rentrait donc dans la vie privée et se livrait tout entier à ce barreau dont la politique l'avait momentanément séparé. La lutte changeait de champ de bataille, mais la victoire n'allait pas moins le suivre. L'avocat dont la jeunesse avait remporté déjà les plus beaux succès, arrivait sur ce terrain connu, avec l'expérience de l'âge mûr et l'auréole de gloire conquise dans la première Assemblée du pays.

Les causes les plus célèbres l'y attendaient. Ce n'est pas le lieu de rappeler ici des plaidoieries retentissantes, comme celles qui aboutirent à l'acquittement de Madame de Jeufosse ou à la condamnation de l'officier de la Roncière. Nous ne redirons pas non plus comment Berryer, qui avait combattu les princes d'Orléans tant qu'ils étaient au pouvoir, devint leur avocat lorsque l'injustice de Napoléon voulut les dépouiller de leurs biens et sauva ainsi une fois de plus l'honneur de la France.

Il est un territoire qui nous est plus cher et où il nous tarde d'attirer le grand orateur du XIXe siècle. Défenseur du droit sous toutes ses formes, fidèle à la légitimité et au passé de la France, Berryer était fait pour prendre en main la défense des libertés religieuses contre n'importe quel régime persécuteur. Entré de bonne heure en cette voie avec le procès Lamennais, il y persévéra jusqu'à la fin de sa carrière, et en plaidant pour les Jésuites aussi bien que pour ses illustres amis, M. de Montalembert et Mgr Dupanloup, il montra quel attachement inviolable l'enlaçait à la cause de la religion.

Le procès Lamennais remonte à l'année 1826. — A cette époque, l'homme de génie était un des plus brillants champions de la cause de la vérité, il venait de publier un livre dont un gouvernement gallican avait pris ombrage. Dans un langage qui eût gagné peut-être à être moins violent, il renversait la théorie si chère au pouvoir qui, en 1682, avait proclamé l'indépendance absolue des gouvernements vis à vis du Saint-Siège. Les ministres de Charles X, vexés de ce coup direct, citèrent l'abbé de Lamennais en correctionnelle, sous l'accusation d'attaques à l'autorité royale. Celui-ci écrivit bien vite à Berryer pour le charger de sa défense.

L'avocat, quoique jeune encore, n'était pas un inconnu pour le grand homme. Ils s'étaient souvent rencontrés à la *Société des Bonnes-Etudes;* ce prêtre au regard profond avait compris la valeur de cette riche nature et il se l'était attachée par les liens de l'affection la plus ardente. Prévenant les Lacordaire, les Montalembert, les Gerbet, et toute l'élite intellectuelle de cette époque que Lamennais sut fasciner, Berryer avait fait dès 1822 « le pèlerinage » de la Chesnaye et en avait rapporté une impression si vive, qu'il voulut fixer ses souvenirs en des pages intéressantes. Le P. Lecanuet les analyse ainsi :

« Lamennais seul habitait alors la Chesnaye. Il en fit les honneurs à Berryer avec la grâce la plus affectueuse, lui donnant une chambre en face de la sienne et ne le quittant plus. Quand il eut pris son mauvais chapeau de paille, vieux et usé, on partit. Ensemble les deux amis visitèrent le jardin aux larges allées bien sablées : un grand chien bondissait plein de joie autour d'eux. Lutter avec lui quelques instants après les repas, était la seule distraction que s'accordât le maître deux fois par semaine. Je me trompe; chemin faisant, il montra à Berryer les fleurs qu'il aimait à arroser de ses propres mains. Puis on longea les deux étangs et l'on vint s'asseoir au bord de l'eau sur un banc de pierre, à l'ombre d'un vieux chêne. M. Féli aimait ce lieu mélancolique : « C'est là que je veux reposer plus tard, disait-il; oh! que je serai bien là ! » Berryer ne comptait faire à la Chesnaye qu'une courte visite; mais le moyen de résister aux sollicitations caressantes de Lamennais? Celui-ci l'entraîna dans la forêt, sur une colline qui dominait la Rance. Le paysage était ravissant : « Je crois le voir encore, » disait plus tard Berryer. Tous deux se reposent sur le gazon et s'entretiennent longtemps. Après le retour, le repas, puis la veillée, et la conversation dure toujours. Berryer se met au lit. Lamennais s'assied à son chevet. Au matin ils causaient encore. C'est que M. Féli était un merveilleux causeur. La tête inclinée sur la poitrine, les mains jointes, il parlait; et les raisonnements couraient si serrés, les phrases si élégantes, qu'en fermant les yeux, on avait l'illusion d'entendre le plus beau des livres. Il emporta ainsi son jeune ami à travers un torrent de poésie, « de l'Eglise militante jusqu'à l'Eglise triomphante. » Puis je ne sais comment, l'entretien tomba sur les évocations du magnétisme et les phénomènes de seconde vue. Alors Lamennais s'anime de plus en plus; il se lance dans ces régions mystérieuses avec une telle fougue d'imagination, une telle hardiesse de pensée, que Berryer en est tout bouleversé. Il l'arrête, il lui saisit le bras : « Vous m'effrayez, lui dit-il. — Comment? demande Lamennais, que voulez-vous-dire? — Oui, vous m'effrayez. Je sens que je ne résiste plus à l'empire de votre raison : vous me dominez; mais ce qui m'épouvante, c'est que vous, rien ne vous domine... Vous n'avez plus aucune autorité qui vous arrête!... Vous serez chef de secte. » — A ces mots, Lamennais bondit, il met la main sur son cœur, et avec une émotion profonde, inoubliable, disait Berryer, il s'écrie : « Moi, chef de secte! Moi, renier l'Eglise! Jamais! Plutôt mourir! Jamais, non jamais je ne renierai l'Eglise (1) ! »

Le lendemain les deux amis se séparèrent pour ne plus se revoir que quatre ans après; mais une correspondance suivie s'était établie entr'eux, où l'on retrouve à chaque instant le désir de Lamennais d'attirer à lui l'avocat :

(1) *Berryer, sa vie, ses œuvres*, p. 68.

« Que nous serions bien ici, lui écrit-il, loin du tumulte et de l'ennui de ce monde au milieu duquel vous vivez ! Qu'il serait doux de philosopher ensemble et de voir de loin ces tempêtes et ces naufrages de la politique dont le spectacle est trop près de vous ! *Dulce, mari magno...* — Mais les affaires, mais le devoir vous retiennent là où vous êtes. Je vous plains de ce travail ; je voudrais l'alléger, et je contribue pour ma bonne part à en augmenter le fardeau. »

Berryer venait en effet d'établir les grandes lignes du plaidoyer qu'il allait prononcer le 20 avril, et qui devait occuper trois audiences. Lamennais était là, escorté de l'abbé Gerbet et de l'abbé de Salinis, fiers de leur maître et de sa doctrine ; la renommée du prévenu, sa situation dans l'Eglise, son immense talent donnèrent à l'affaire un éclat exceptionnel dont Berryer sut profiter. Il commença par exprimer son étonnement d'une telle poursuite dans un tel lieu :

« — ... Une discussion théologique, une controverse sur des points de doctrine et de discipline religieuse, vont être agitées dans l'enceinte de la police correctionnelle !... Un écrivain que l'Europe littéraire honore de ses suffrages, dont la religion applaudit et bénit les travaux, est poursuivi et confondu avec les libellistes et les pamphlétaires ! Est-ce donc que de nos jours on veut mettre en oubli et la majesté de la loi chrétienne, et la vénération due à un ministère sacré, et jusqu'au respect qu'inspire toujours la dignité du talent ? La conscience publique en est si profondément offensée que de toutes parts on se refusait à croire que M. de Lamennais dût se présenter à votre audience. Mais lui, Messieurs, ferme et inébranlable dans sa foi, dans ses devoirs et comme prêtre et comme catholique, il n'en est pas moins fidèle à ses devoirs comme sujet ; il sait honorer la justice du roi, et n'a point hésité à comparaître devant vous aussitôt que la citation lui a été donnée. »

Puis, après avoir défendu contre les interprétations du

ministère public les passages incriminés, après avoir démontré que les idées de l'auteur étaient conformes à la doctrine des Bossuet et des Fénelon, Berryer proclamait la thèse importante qui, pour lui, dominait de bien haut la cause, et exposait les relations mutuelles entre l'Eglise et l'Etat telles que les avaient connues les siècles précédents, et telles que les avaient modifiées le régime issu de la Révolution.

« — Ce qui distingue principalement notre Eglise, disait Berryer, c'est le droit qui lui appartient, qu'elle réclame, qu'elle a toujours exercé, de décider seule, de décider infailliblement toutes les questions de doctrine et de régler souverainement la discipline. Lui contester ce droit, c'est se séparer d'elle : c'est *cesser d'être catholique!* »

Et après ce lumineux exposé de l'enseignement de l'Eglise, l'orateur disait aux juges, en finissant : En matière de foi et de doctrine, l'Eglise ne peut céder, il faudrait la réduire en servitude, et il citait l'exemple de l'Angleterre :

« — Puisse, Messieurs, le spectacle d'un tel malheur, puisse la crainte de semblable péril toucher profondément vos âmes!... Avant de faire un premier pas, avant de donner le premier exemple d'une si dangereuse usurpation, mesurez l'effrayante carrière que vous allez ouvrir... C'est à vous qu'il est donné, en ce moment, de protéger et d'unir les antiques libertés de l'Eglise et les nouvelles libertés de l'Etat; ne respecterons-nous pas l'indépendance de cette sainte religion catholique, à qui seule est due l'indépendance des nations modernes? Pouvons-nous oublier, dans nos injustes défiances, que l'esclavage a disparu partout où elle a porté ses lois et que l'Europe lui doit l'heureux tempérament de ces institutions monarchiques dont l'antiquité ne nous laisse point d'exemple? A qui osera-t-on faire un crime de vénérer, dans son cœur et dans ses paroles, cette grande puissance spirituelle qui, toujours vigilante pour les rois et pour les peuples, leur fait sans cesse entendre ces nobles enseignements, fondements sacrés de tout ordre, de toute dignité, de toute liberté dans les Etats : « Peuple, obéis à ton roi ; il est l'image de Dieu sur la terre. Roi, garde-toi d'oublier dans les pompes de ta grandeur que le dernier des sujets est ton frère ! »

Ces paroles grandissent ceux qui les prononcent, et elles élèvent leur talent à la hauteur de la mission divine.

Après le brillant discours de son défenseur, Lamennais se leva et d'une voix sourde mais ferme, il n'ajouta que cette phrase noblement dédaigneuse :

« — Je dois à ma conscience et au caractère sacré dont je suis revêtu, de déclarer devant le tribunal, que je demeure inébranlablement attaché à tous les principes que j'ai soutenus, c'est-à-dire à l'enseignement invariable du chef de l'Eglise, que sa foi est ma foi, sa doctrine ma doctrine, et que jusqu'à mon dernier soupir je continuerai de la professer et de la défendre. »

Pour la forme, l'accusé fut condamné à 30 francs d'amende ; cette condamnation était un véritable triomphe pour Lamennais, un échec pour le gouvernement qui dut le dévorer en silence.

Malgré tout, le prévenu la trouva encore trop forte, et il en garda au régime qui l'avait poursuivi, une rancune qui peu à peu devint de la haine. Ses rapports avec son défenseur qui persistait toujours dans son attachement aux idées royalistes, en souffrirent nécessairement ; et la rupture de Lamennais avec Rome, leur donnèrent le coup de grâce.

Cependant le prêtre tombé voulut revoir Berryer, et à quelque temps de là, il se présenta chez lui, avec ce sourire amer qui laissait percer à la fois son orgueil et sa douleur. Il voulait savoir ce que pensait Berryer de son attitude de révolté.

— N'est-ce pas, lui dit-il, que vous aussi, vous m'en voulez? vous n'êtes pas satisfait.

— Certainement, lui répondit l'avocat d'un ton sérieux.

— Ah ! je vous ai étonné, reprit la voix sarcastique.

— Non, dit Berryer, vous ne m'avez pas étonné, et il lui rappela la scène nocturne de la Chesnaye ainsi que les paroles qu'ils avaient alors échangées.

Cependant le cœur de Berryer ne lui permit pas de garder longtemps cette réserve froide, il eut pitié de son ami et essaya de l'arracher par tous les arguments possibles à son affreux désespoir. Il le poursuivit jusqu'à la Chesnaye et déploya toutes les ressources de son éloquence, qui sut se faire successivement sévère et tendre : tout resta sans succès ; Berryer dut revenir à Paris en disant : « Je ne puis rien sur ce chaos ! »

Les deux amis se retrouvèrent à l'assemblée de 1848 ; ils étaient devenus collègues. Or un jour que Berryer, dans un discours sur les prêtres desservant les campagnes, s'était laissé aller à un mouvement de haute éloquence et avait terminé en flétrissant les apostats, il aperçut un de ses collègues qui se levait brusquement et se glissait le long des banquettes pour quitter la salle :

« Je regardai, dit Berryer, c'était Lamennais. Mon cœur se serra, et j'éprouvai une vive douleur, car en parlant je n'avais nullement songé à lui. »

Quelques années plus tard, Berryer apprit que la mort allait fixer à jamais dans l'impénitence son trop célèbre ami. Il court à sa demeure mais il est éconduit ; le mourant avait donné l'ordre d'écarter ceux qui pouvaient encore le rapprocher de Dieu !...

II

En 1845, la défense des libertés religieuses entraîna Berryer sur un champ de bataille plus vaste où son éloquence put se donner plus aisément carrière. La lutte entre le parti catholique et l'Université au sujet de l'enseignement secondaire, avait réveillé de vieilles haines et attiré l'attention sur les Jésuites, que des lois antérieures avaient, en des heures de troubles, proscrits du sol français. Tous les partis coalisés, libéraux, républicains, démocrates, s'acharnaient subitement contre ces religieux et réclamaient contre eux les foudres d'une législation tombée en désuétude.

A toutes ces attaques, le P. de Ravignan répondit par un mémoire qui se terminait par ces fières paroles :

« — Je suis Jésuite, c'est-à-dire religieux de la Compagnie de Jésus. »

Et il alla trouver Berryer pour le prier de défendre devant la Chambre une société que M. Thiers voulait chasser de France et que Michelet appelait « immorale. »

Le P. de Ravignan n'avait pas toujours porté l'habit du Jésuite : tout d'abord, avocat brillant, il avait rencontré maintes fois Berryer auquel il s'était lié d'une vive amitié. Tous deux avaient débuté au Palais, à la même époque et avec le même éclat, et pensaient se suivre dans le cours de leur longue carrière, quand un jour Berryer apprend que les portes du séminaire d'Issy se sont refermées sur son ami qu'elles ont ravi au monde. Berryer y court pour s'assurer de cette nouvelle, il fait demander son ancien collègue, et Ravignan lui apparaît au haut d'un escalier ; il salue son ami et lui dit avec un sourire :

« — Eh bien ! je vous ai donc planté là !.. »

Berryer était encore aux heures de la jeunesse, et il se souvenait toujours de ses velléités d'antan, il répondit :

« — J'ai manqué mon coup, moi aussi je devais être prêtre !... »

Le ciel en refusant à l'avocat cet honneur, ne lui en avait pas moins dévolu la mission de défendre la liberté religieuse, et il allait le prouver une fois de plus. Car si Berryer promit son concours au P. de Ravignan, menacé dans sa sûreté personnelle et dans celle de ses frères, ce fut moins par affection que pour un motif plus élevé. L'auteur de la vie du fervent religieux en fait foi : « Berryer ne fut le champion de la Compagnie de Jésus que pour être le soldat de l'Eglise. » Et le supérieur général des Jésuites se plaisait plus tard à reconnaître ce dévouement et à lui témoigner sa reconnaissance.

Ce fut le 2 mai, que M. Thiers développa à la tribune de la Chambre son interpellation, demandant au ministère d'exécuter les lois de l'Etat concernant les congrégations religieuses. L'homme habile y mettait des formes ; il affichait « un respect sincère et profond pour l'auguste religion de la majorité », mais il déclarait en même temps qu'il y avait dans son cœur « un autre sentiment qui s'élevait à la hauteur de cette vénération, l'amour jaloux des droits de l'Etat », et à la face du pays, il lançait cette apostrophe :

« — Vous voulez la liberté, c'est bien, mais voulez-vous la liberté en dehors des lois ? »

Berryer avait écouté le discours de Thiers et il était rentré chez lui, anxieux et quelque peu accablé de la grandeur du sujet qu'il devait traiter : c'était la liberté de l'Eglise dans toute son étendue, et il fallait faire entendre à la Chambre un langage qu'elle aurait même peine à comprendre.

Le lendemain, de bon matin, le P. de Ravignan arrive chez l'avocat, rue Neuve-des-Petits-Champs ; celui-ci se promenait à grands pas dans son cabinet, méditant sa réponse au discours de M. Thiers. « Le Jésuite se jette à son cou ; il l'embrasse avec effusion, le remercie de son zèle en lui montrant la récompense au ciel plus que le succès en ce monde. « Ah ! sans doute, répond Berryer, la cause est perdue, et cependant elle sera gagnée. Pour le présent je suis désespéré ; je vois d'ici tous ces hommes au parti pris d'avance, comme un mur de marbre devant moi. Seulement, je suis indigne d'être l'avocat d'une pareille cause. Ne me remerciez pas, mais priez pour moi (1). »

Quelques heures après, Berryer était à la tribune. La tête haute et fière, il disait à ces députés prêts à railler sa parole :

« — Depuis trente ans, dans toutes les questions de politique, de religion, de liberté, parlant à voix haute, il ne m'est pas arrivé un jour, depuis le pied de l'échafaud auquel j'ai voulu ravir des victimes jusqu'au tribunal qui juge dans le for de la conscience, jusqu'à cette tribune où nous allons délibérer, il ne m'est pas arrivé un jour de dire autre chose que ce que je vais dire devant vous, que ce que je vais vous exprimer avec franchise. »

Puis posant la question sur le terrain de la liberté, il ajoutait :

« — Aux termes de nos lois constitutionnelles, je réclame la liberté et la plénitude des droits de l'Eglise catholique à laquelle j'appartiens...

Or l'Eglise ne peut être libre, si vous entravez l'exercice de la vie religieuse qu'elle conseille et des vœux qu'elle recommande. Et cependant la vie religieuse est non seulement utile à l'Eglise, elle est utile à la société, elle est utile aux individus. Alors Berryer lançait son grand mouvement, et rappelait que la société française ne comptait pas que des âmes heureuses et satisfaites.

« — Pour qui voudra bien réfléchir sur l'état de la nation, pour qui a mesuré les travaux et les fatigues d'intelligence et de cœur auxquels tant d'hommes sont livrés dans notre siècle, et les grands désillusionnements qui viennent atteindre la vie (je ne parle pas des chagrins et des peines ordinaires); pour qui a traversé tant de labeurs, tant de résolutions successives, tant d'efforts pour atteindre ou la fortune, ou la gloire, ou la grandeur; ne comprenez-vous pas que socialement, philosophiquement, c'est quelque chose de bon, que la faculté d'aller

(1) Le P. de Pontlevoy. *Vie du P. de Ravignan.*

demander la paix dans la retraite, de s'y livrer à la méditation du solitaire, ou au travail silencieux du trappiste, ou au soin charitable des malades, ou de s'y préparer à la prédication pour aller porter la parole de Dieu sur les terres lointaines ?... »

Puis l'orateur se penchait sur la tribune et demandait à ces hommes étrangers pour la plupart à de telles considérations :

« — Par vos institutions, par vos lois, qu'offrez-vous aux grands désespoirs de la vie ?... La religion catholique leur offre des asiles : qu'ils soient ouverts ! le siècle en a besoin. »

L'opposition ne voulant pas comprendre jetait à l'orateur des objections comme celle-ci :

— Les Jésuites n'obéissent qu'au Pape, qui est un souverain étranger.

« — C'est vrai, répond Berryer ; mais, messieurs, c'est notre faute à nous catholiques. Nous avons dans l'ordre spirituel le Pape pour chef; nous sommes comme eux dans l'ordre spirituel, relevant d'un étranger ; mais le Pape n'est pas un étranger.

Et sur le champ sa mémoire fidèle leur rappelle que Portalis déclara à la signature du Concordat que le premier Consul avait traité avec le Pape, « non comme avec un souverain étranger, mais comme avec le chef de l'Eglise universelle dont les catholiques de France font partie. » Comme cet argument prenait, l'orateur insiste et rappelle à ces hommes encore fascinés de l'expérience napoléonienne, que le grand Empereur avait laissé se reconstituer sur le sol français les congrégations bannies par la Révolution. Et alors, baissant la voix, l'ancien élève des Oratoriens semblait comme demander pardon de se laisser aller à ses souvenirs personnels, et de rappeler la visite de Bonaparte à Juilly où le P. Lombois avec sa belle figure et ses long cheveux blancs, disait au premier Consul :

« — Général, les maîtres qui ont formé Desaix, Casa-

Berryer et Lamennais à la Chesnaye.

bianca et Muiron, ont l'honneur de vous présenter leurs élèves. — « Ils sont en bonnes mains, » répondait le vainqueur d'Italie. Et nous qui savions sa gloire, il nous regardait, comme pour nous encourager à respecter ces religieux qui nous avaient amenés auprès de lui. »

Ce discours excita l'admiration des auditeurs et Louis Veuillot écrivait le soir même : « Grâce à M. Berryer, la cause de la religion, de la liberté, de la légalité véritable, a été bien défendue. Son discours d'aujourd'hui est un des plus beaux qui soient sortis de cette bouche éloquente. On ne saurait exprimer plus noblement le respect de la conscience, ni même avoir mieux l'intelligence de la liberté. Il a forcé ses contradicteurs à l'entendre jusqu'au bout. Que pouvait-il de plus ?... »

En effet, le siège de la Chambre était fait et la majorité vota l'ordre de proscription, mais le gouvernement n'osa jamais l'exécuter. Il y eut des déplacements, mais pas un religieux ne fut contraint de quitter la France ; et l'infortuné Louis-Philippe prit le chemin de l'exil avant la société qu'il avait laissé proscrire. Des ruines de la révolution de 1848, surgit la liberté d'enseignement et les Jésuites ne furent plus inquiétés jusqu'en 1880. Ainsi se vérifiait la parole de Berryer au P. de Ravignan :

« — La cause est perdue, mais elle sera gagnée. »

III

Au noble défenseur des libertés religieuses était encore réservée la mission d'assister deux des hommes qui étaient à cette époque la gloire et le flambeau de l'Eglise ; le premier s'appelait Montalembert, le second Mgr Dupanloup, l'illustre évêque d'Orléans. Il semble qu'il eut manqué quelque chose à la force de notre héros, s'il n'eût pu compter ces deux hommes parmi ses clients.

A l'égal de Berryer, Montalembert avait su, par la dignité de son caractère et le talent de sa parole élevée, conquérir l'estime de son temps; mais tout en restant fidèle à la cause des princes exilés, il avait cru devoir obéir à des principes politiques différents. Pensant être encore utile à l'Eglise qu'il aimait par dessus tout, le comte de Montalembert s'était rallié au régime impérial; mais ses illusions furent de courte durée: au Corps législatif il combattit en désespéré, luttant, comme il le dit lui-même, « dans une cave sans air et sans lumière, » jusqu'au jour où des électeurs aveuglés le rendirent à la vie privée.

Pour oublier cet affront et occuper ses loisirs, Montalembert partit pour l'Angleterre dont il se plut à étudier la vie parlementaire. Le souffle de liberté qui passe sur ce peuple et la constitution qui le régit, aviva encore ses regrets et souleva son indignation qu'il exhala dans une phrase destinée à devenir célèbre :

« ... Quand j'étouffe sous le poids d'une atmosphère chargée de miasmes serviles et corrupteurs, je cours respirer un air plus pur et prendre un bain de vie dans la libre Angleterre. »

Le gouvernement sentit l'injure qu'il méritait, et déféra le comte en police correctionnelle. Montalembert n'avait eu jusqu'alors que des relations très restreintes avec Berryer, mais il n'hésita pas à confier sa cause au grand orateur, et à partir de ce jour une amitié unit ces deux âmes égales par le caractère et par le talent.

L'avocat commença par enthousiasmer ses juges au récit de la vie de son client. Il le représentait à vingt ans, justifiant à la Chambre des pairs la tentative qu'il avait risquée, d'ouvrir une école libre dans Paris sans se soucier des lois mesquines. Il rappelait sa profession de foi d'alors :

« — La foi n'est pas morte dans tous les cœurs ; c'est à elle que j'ai donné de bonne heure et mon cœur et ma vie; ma vie, une vie d'homme, c'est aujourd'hui surtout bien peu de chose ; mais ce peu de chose consacré à une grande et sainte cause peut grandir avec elle ; quand on a fait à une pareille cause abandon de son avenir, j'ai cru et je crois encore qu'il ne faut fuir aucune de ses conséquences, aucun de ses dangers. »

Puis il montrait le comte dont la vie entière avait été digne de ces fiers débuts, spectateur attristé des libertés méconnues dans son pays, retrouvant soudain en Angleterre les discussions mâles, et les applaudissements réservés au courage et à la dignité. Montalembert avait entendu en plein Parlement des paroles comme celles-ci : « Je suis anglais ; mais il y a des choses pour moi plus sacrées et plus grandes que la grandeur de l'Angleterre ; parmi ces choses je place le progrès du genre humain dans l'enseignement et dans la pratique de la vertu et de l'honneur. »

Et Berryer dépeignait l'émotion qui devait fatalement s'emparer de l'âme de son illustre client et lui arracher l'expression de ses regrets amers !...

« — Vous dites, s'écriait-il, que c'est un outrage au pays, un acte anti-français, quelque chose de criminel... Eh quoi ! nous coupables envers le pays ! nous, moi, coupables ? pour avoir regretté les institutions sous lesquelles la France a vécu, pour lesquelles nous avons combattu ! Coupables ! Ah ! laissez-moi vous dire toute ma pensée : non, c'est le pays qui serait coupable envers nous !

« Notre tort, c'est d'avoir cru à la France, d'avoir aimé ce qu'elle aimait, d'avoir réclamé avec elle et pour elle les garanties de la liberté, enfin d'avoir été ce que la France a voulu que nous fussions, ce que nous sommes et ce que nous serons toujours.... »

L'auditoire qui écoutait ces paroles se composaient des plus grands noms de France et de l'étranger, et à plusieurs reprises il n'avait pas dissimulé ses impressions pendant le procès. Le président, quand vint le moment du prononcé du jugement qui condamnait Montalembert, craignant les trop justes réclamations, fit envahir la salle par une escouade de sergents de ville, chargés d'arrêter les interrupteurs.

C'était avouer sa défaite, et Montalembert sortit fier et honoré d'une condamnation qui constatait sa fidélité aux principes de sa vie entière. Vainement l'Empereur voulut lui faire grâce, il refusa noblement une faveur qui eut diminué l'auréole attachée à son nom.

Montalembert comprit le service immense que Berryer lui avait rendu en cette circonstance, et lui écrivit cette lettre qui fait honneur à l'accusé comme au « vengeur : »

« Cher et illustre *Vengeur*,... je ne sais si les grandes joies sont muettes comme les grandes douleurs; mais toujours est-il que je perds la parole sur ce sujet, quand je suis en votre présence, et sous le feu de votre regard à la fois si fier, si limpide et si caressant. Laissez-moi donc vous dire par écrit que vous avez comblé tous mes vœux et m'avez accablé sous le poids de votre bienfait. Je vous avais dit que je remettais mon honneur entre vos mains; vous l'avez non seulement défendu, mais vengé. Parmi les plus belles, les plus heureuses journées de ma vie, je rangerai toujours celle où j'ai entendu la voix la plus éloquente de mon temps et de mon pays s'élever devant la justice pour justifier mon passé.... Ce jour-là, vous m'avez procuré une satisfaction sans pareille et rendu de ces services dont *la grandeur passe toute récompense*. Dans le cours de votre longue et glorieuse carrière, vous avez obligé, défendu, sauvé bien des gens, mais je doute que vous ayez jamais conféré une obligation plus sérieuse à un cœur plus reconnaissant.... Vous me faites l'honneur de regarder ma cause comme la vôtre, et vous ajoutez ainsi la fleur de la délicatesse la plus raffinée à tout l'éclat de votre éloquence. Je ne puis que m'incliner devant votre volonté. Mais vous ne me refuserez pas le droit de vous offrir, d'ici à quelque temps, un petit souvenir d'art et d'amitié dont la première pensée me vient de Rome, et que cette origine vous fera agréer.... »

Et bientôt, en effet, Berryer qui avait refusé tout

honoraire, recevait une magnifique réduction en argent de la statue de Démosthènes, portant ces mots : « *Quid si ipsum tonantem audivisses !* »

Cette lettre était écrite le 31 décembre 1858; à peine un an plus tard, c'était l'évêque d'Orléans qui réclamait le ministère du grand avocat.

Déjà précédé par sa réputation d'orateur et d'écrivain, et par l'ardeur déployée dans la préparation de la loi d'enseignement de 1850, Mgr Dupanloup venait de révéler les ressources de sa grande âme en défendant le pouvoir temporel des Papes, que le gouvernement de Napoléon attaquait sous prétexte de le sauvegarder.

L'Empire voyait de mauvais œil s'élever ce nouvel adversaire qui promettait de devenir terrible. Il le fit donc secrètement attaquer par ses journaux *le Siècle* et le *Constitutionnel*. L'évêque se défendit sur un ton assez vif, et le premier de ces organes, se prétendant attaqué dans son honneur, adressa une plainte au procureur général.

Le gouvernement crut l'occasion bonne de fermer la bouche à un prélat qui le gênait, et prépara tout pour amener une condamnation sérieuse. L'évêque appela à son aide le défenseur-né de toutes les grandes causes, et le 15 mars 1860, Berryer était au banc de la défense.

Tous les efforts avaient été tentés pour paralyser l'effet de sa parole, parce qu'on redoutait l'ampleur qu'il ne manquerait pas de donner au débat ; les précautions furent inutiles.

Son premier soin fut de faire de la cause de l'évêque d'Orléans, la cause de l'épiscopat tout entier, et de le montrer entouré de tous ses collègues dont les lettres de félicitations étaient venues de tous les coins de la France. Puis, entrant dans le vif du débat, il établit la nécessité du Pouvoir temporel « seul capable de procurer la paix de l'Eglise et la sécurité des Etats. »

Le président veut l'arrêter sur ce terrain et s'écrie :

— Maître Berryer, cette discussion est étrangère à la cause, venez au fait.

Berryer alors se tourne vers *le Siècle* qui s'est donné comme défenseur de la liberté, et relève ainsi le défi de l'effronté journal :

« — Expliquons-nous ici à visage découvert.... Il y a deux espèces de liberté dans le monde. La belle et sereine liberté naît dans l'homme du sentiment légitime et fier qu'il a de son droit, et du respect non moins profond, non moins sincère, qu'il garde pour les droits d'autrui.... Voilà la liberté que je défends.

« La vôtre, celle que vous voulez propager dans le monde, s'agite dans le mépris de tout ce qui lie les hommes entre eux, les sociétés entre elles. A ses yeux ne sont rien les lois, les traités, les engagements. Tous droits, toute justice doivent se courber devant la misérable autorité du *fait accompli*.... Souffrez-moi cet orgueil, telle n'est pas la liberté à laquelle je suis attaché par le fond de mes entrailles, celle que j'ai servie et que je servirai jusqu'à mon dernier jour, tant que l'âge n'aura point épuisé mes forces. Je l'ai défendue sous des rois que j'aimais, parce qu'ils l'avaient donnée à la France, je l'ai défendue sous une autre monarchie dont le principe fut, à mes yeux, douteux et périlleux pour elle ; je l'ai défendue, comme aujourd'hui, sous la République qui, par ses excès et ses divisions, l'a livrée au pouvoir qui a brisé nos institutions libérales. Cette liberté dont je revendique ici les droits, ma liberté n'est pas la vôtre, et je déteste la vôtre, parce qu'elle tuerait la mienne. »

Un tonnerre d'applaudissements éclate au fond de la salle et le président intervient de nouveau :

— Maître Berryer, la Cour vous a écouté avec patience. Mais évitez ce qui pourrait provoquer l'auditoire à manquer de respect à la justice.

— Je ne croyais pas, répond Berryer, en défendant la liberté, provoquer un manquement de respect à la justice.

— La liberté n'est pas attaquée devant la Cour, reprend le président, vous n'avez pas à la défendre.

Et alors Berryer s'approche du magistrat, qu'il enveloppe de son regard impénétrable et d'un ton calme, mais grave, il lui dit :

« — Mais c'est la plus auguste des libertés qui est en question et que j'ai à défendre! C'est la liberté de la foi, de la conscience, de l'honneur! C'est le droit d'un évêque, c'est son devoir, plus grand encore que son droit! C'est le libre exercice de la puissance qu'il tient de Dieu même! C'est cette liberté que je viens revendiquer. L'évêque d'Orléans en a-t-il fait un usage coupable? Dans cette lutte, dont il convenait de dire en quelques mots le principe et le caractère, a-t-il adressé des imputations excessives à un adversaire qui ne les méritait pas? C'est là la question du procès, je le maintiens.

— Oui, vous y êtes maintenant, reprend le président qui peut regretter son intervention.

Et l'avocat continue, faisant sonner bien haut l'innocence de son client, et le droit de puiser dans les armes de son temps les moyens de défendre la vérité éternelle.

Quand Berryer eut terminé sa plaidoirie, la cause était gagnée ; l'évêque crut de sa dignité d'ajouter quelques mots :

— « On me reproche, dit-il, d'attaquer l'honneur d'un journal, mais le nôtre, n'en parlait-il pas à son aise? Croyez-vous donc, parce que nous sommes prêtres, que nous n'avons ni cœur, ni âme ?

« Parce qu'il y a en nous un double honneur, l'honneur humain et l'honneur sacerdotal, croyez-vous donc que chaque jour vous puissiez le blesser à coups redoublés, l'immoler à plaisir, sous les yeux de ces cinquante mille abonnés et de ce million de lecteurs dont votre défenseur parlait tout à l'heure, sans que nous le sentions, sans que nous poussions un cri? Les martyrs mouraient en silence..., mais quand on outrageait en eux leur foi, leurs frères, leur père, leur mère, leur Dieu, ils élevaient la voix et protestaient, et rien n'a pu éteindre cette voix... et la conscience du genre humain est demeurée avec eux.

« Vous vous étonnez de mon émotion?... Mais cette Eglise insultée par vous chaque jour... vous ne savez donc pas que je n'en suis pas seulement l'évêque, j'en suis le fils, elle est ma mère. Et quand un fils voit sans cesse, sous les yeux du monde entier, indignement outrager ce qu'il a de plus cher au monde, vous voulez qu'il ne sente rien, qu'il ne dise rien et qu'il n'y ait pas même un cri contre vous dans son âme indignée ! »

Les juges ne purent se refuser à un acquittement que toute la salle réclamait et le journal fut débouté de sa plainte; il avait encore reçu de l'évêque beaucoup moins que son attitude ne méritait.

Mgr Dupanloup garda pour Berryer, qu'il aimait déjà beaucoup et qui était son diocésain à sa résidence d'Augerville, un souvenir que les années n'affaiblirent jamais; et quelques jours avant sa mort, il vint saluer le grand orateur, une dernière fois, avant que se fermât à tout jamais cette bouche qui l'avait si noblement défendu.

Les talents qu'il reçut du ciel, Berryer les mit donc au service du droit, au service des princes qu'il aimait, mais aussi au service de la foi de ses ancêtres, de la foi de cette France qu'il chérissait comme une mère et qu'il aurait voulu revoir chrétienne comme au temps de ses grands Rois.

CHAPITRE VII

Dernières années.

Distinctions flatteuses. — La mort. — Concert d'éloges.

I

Après plus de quarante années d'une lutte sans répit, Berryer arrivait à la vieillesse. Sa vie avait été pleine de glorieux travaux et d'utiles services ; quelques honneurs bien mérités vinrent l'en récompenser.

En 1855, il fit son entrée à l'Académie Française où sa place semblait marquée depuis longtemps. L'orateur n'y avait pas mis d'empressement ; sa liberté d'allures et sa parole improvisée se trouvaient mal à l'aise au milieu des discours académiques, et il disait volontiers à ceux qui abordaient ce sujet :

« — Moi de l'Académie ! mais je ne sais ni lire, ni écrire ! »

Cependant le jour vint où il prononça son discours de réception, à la face de ses anciens antagonistes de la Chambre devenus ses électeurs. MM. Guizot, Thiers, Molé, Pasquier, Cousin, Villemain, de Montalembert étaient heureux d'applaudir cette parole qui pour certains avait été terrible, mais qui aujourd'hui ne faisait qu'ajouter à l'éclat du corps académique.

Berryer fut aimable, comme il convient en semblable circonstance, et salua ses collègues par ces paroles :

« — Honneur à vous, maîtres en l'art d'écrire !... Vous ne disparaissez pas quand s'écroule le théâtre de vos labeurs, quand les forces de la vie vous délaissent; vous instruisez, on vous écoute, on vous répète, on vous voit encore à travers l'espace et les siècles, et, suivant la belle expression de l'un d'entre vous, vous vous transmettez tout entiers à l'avenir, et demeurez immortels comme vos ouvrages. »

M. de Salvandy répondit au récipiendaire avec toute la solennité de son langage habituel, « qu'il déroula comme un manteau d'honneur autour du glorieux élu », et l'assistance marqua d'un applaudissement discret son apostrophe au nouvel élu :

« — Après quarante ans de triomphes, vous n'avez pour toute distinction que la palme qui vous vient de l'Académie et le rayon qui vous vient de Dieu ! »

L'usage demandait qu'après la séance, l'académicien fût présenté au chef de l'État ; Berryer ne put jamais se résoudre à semblable démarche auprès d'un prince qui ne représentait pour lui qu'un pouvoir usurpé ; il la remplaça par une lettre au comte de Chambord où, en lui envoyant son discours, il disait :

« Sous l'empire des évènements qui vous tiennent éloigné du trône de vos pères, sentant venir pour moi les jours de la retraite et les affaiblissements de l'âge, j'ai cru pouvoir en cet écrit saisir encore une occasion de manifester mon profond attachement à votre personne auguste et à la famille royale, ainsi que ma foi sincère dans les principes que j'ai défendus de tout temps, à la tribune et au barreau. »

Quelques années plus tard, en 1861, le barreau de France s'unissait dans un élan spontané d'admiration pour fêter la cinquantaine de Berryer, « ce vétéran du droit et de la défense. » Un banquet fut offert « au glorieux stagiaire de 1811. » Les anciens bâtonniers de Paris, les bâtonniers de province, les membres du conseil de l'ordre et deux cents avocats du barreau de Paris prirent place dans la salle du festin. Toutes les opinions, tous les partis se confondirent pour célébrer cette gloire, patrimoine commun de l'ordre entier.

A la fin du repas, le bâtonnier en exercice, M. Jules Favre, se leva pour saluer le héros de la fête. Il trouva les paroles les plus heureuses et célébra dans Berryer « l'éclat de son génie oratoire et de sa mâle indépendance, la constance de sa foi et la domination de sa redoutable parole, couvrant le bruit de nos luttes pour retentir dans la postérité. »

Les applaudissements soulignaient chaque parole de l'avocat qui continua ainsi l'éloge du grand orateur :

« La fortune, par une rare faveur, l'a toujours éloigné du pouvoir, et, depuis longtemps, assis dans le camp des vaincus, il y a porté sa grande âme et son irrésistible puissance. Champion infatigable du malheur, ennemi courageux de l'arbitraire et de l'illégalité, gardien sincère de nos traditions, il est au milieu de nous le maître vénéré de l'art de bien dire, et nul ne songe à lui disputer le premier rang que lui assigne notre admiration... Ainsi notre illustre maître aura jusqu'au bout vaillamment servi notre cause, puisque, après avoir été notre modèle pendant un demi-siècle, il devient aujourd'hui l'ardent foyer où se réfléchissent en un lumineux faisceau les intelligences et les cœurs de tous ses confrères de France. Que notre gratitude, nos respects, notre affection soient sa récompense ! »

L'assistance transportée marquait par des signes répétés d'assentiment combien elle goûtait cet éloge à la gloire du maître qu'elle vénérait ; « il semblait que chacun eût voulu s'approprier les paroles de M. Jules Favre pour les offrir en son nom à celui qui en était l'objet.

« Berryer, lui, ne voyait rien. Sa main passait et repassait sur son front. Ses yeux se remplissaient de larmes ; les éloges dont on l'accablait le touchaient moins encore que cette affection dont il était entouré. Il se leva, se soutenant à peine, avec une sorte de souffrance délicieuse, pressé de parler et ne pouvant prononcer une parole.

Jamais l'émotion de l'orateur n'avait tenu plus pathétiquement en suspens celle de l'auditoire. Enfin on entend sa voix ; il n'a dit qu'un mot, et tout aussitôt les bravos éclatent, les mains se joignent ; on va au-devant de ce qu'on lui sent dans l'âme : « On m'avait bien conseillé d'écrire ce que je voulais dire, mais comment aurais-je pu parler ? dit-il. »

Peu à peu il redevient maître de lui-même ; ses phrases s'arrêtent inachevées, ceux qui l'écoutent en complètent le sens. Jamais il n'avait paru si éloquent. Tout de suite, il eut un souvenir pour son père, et cela seul peignait l'homme :

« — Ah ! qu'en ce moment si solennel pour moi, je rends grâces aux aspirations de ma jeunesse ; qu'avec bonheur, en ce moment, je me rappelle l'ardeur dont m'animait alors l'espoir de pouvoir suivre un jour les pas de mon père !... Vous me permettrez d'associer sa mémoire à l'insigne honneur que je reçois aujourd'hui. Il fut pendant de longues années le Doyen de notre Ordre. C'est à lui, c'est à ses leçons, à ses conseils, à ses exemples, que je dois tout ce que vous approuvez dans ma vie (1)... »

A son tour, Berryer célébra les mœurs du barreau ; il montra dans les grands principes du droit et de la liberté, la force et le progrès des nations ; il salua les membres qui comme lui approchaient du terme de la carrière, après une vie de mérite et d'honneur, et les jeunes gens qui entraient dans la lice, le front rayonnant d'espoir. Il conclut par ces paroles :

« Ah ! que je vais traverser avec une pleine et pure satisfaction les derniers jours de ma vieillesse, puisque, mes chers confrères, vos suffrages qui, Dieu merci, ne sont pas encore un adieu, me persuadent que ma vie a été ce que devait être la vie d'un avocat ! »

Rien ne peut rendre l'effet de cette improvisation

(1) Ch. de Lacombe, *Berryer sous la République et le second Empire*, p. 376.

entrecoupée de larmes sur cette assemblée d'hommes habitués cependant à toutes les habiletés de la parole. En rendant compte de la journée, un journal disait : « Elle n'a pas eu de précédent dans les temps modernes et anciens, et probablement restera unique. »

Cependant, à quelques jours de là, une nation amie des triomphes oratoires croyait de son devoir d'attirer Berryer sur son territoire, pour lui faire une ovation digne du plus grand orateur de l'époque. La vieille Angleterre qui avait compté tant d'hommes illustres par leur parole, et dont les débats parlementaires pouvaient servir de modèle au monde entier, se réserva l'honneur de fêter Berryer.

Le 14 juillet 1864, lord Brougham invitait l'orateur français à passer le détroit, pour assister au banquet que les membres du barreau britannique voulaient lui offrir :

Mon cher et illustre Confrère,

Les chefs de notre barreau et presque tout l'ordre entier m'autorisent à vous prier de leur faire l'honneur d'accepter leur invitation à un banquet de notre profession le mardi 6 novembre, comme témoignage de leur admiration respectueuse du grand orateur et avocat, et de leur reconnaissance pour avoir soutenu en tout temps l'indépendance des vaincus.

H. Brougham.

Berryer ne crut pas pouvoir décliner une offre aussi honorable pour la France que pour lui, et le 5 novembre suivant, lord Brougham était fier de présenter son hôte à ses collègues, et surtout à ce Parlement, dont le député royaliste avait pourtant combattu si souvent la politique. Le voyage prit les proportions d'un évènement et Berryer fut traité en souverain ; tous les grands noms de l'Angleterre tinrent à lui être présentés. A la Société des Sciences sociales, Sir F. Kelly le salua « comme le plus illustre membre du barreau français et le premier de tous dans la génération actuelle. »

Le lendemain, à la cour du banc de la reine, siégeant à Westminster, lorsque Berryer parut, tous les juges et les avocats se levèrent ; le président, s'avançant vers lui, le pria de prendre place à sa droite. Le soir de cette même journée avait lieu le banquet ; on y compta quatre cents convives, tous avocats ou magistrats ; à leur tête se trouvait le chancelier de l'Echiquier, M. Gladstone, représentant le gouvernement.

Quand vint le moment des toasts, un concert d'éloges s'éleva à la gloire de notre illustre compatriote. L'attorney général but « à la santé de l'illustre citoyen, du patriote éminent, du grand orateur, de l'avocat sans rival. » Lord Brougham le compara aux plus grands avocats que le monde ait jamais connus, disant « que l'orateur français pouvait sans crainte soutenir la comparaison. » Puis vint le tour de M. Gladstone qui dit au nom de l'Angleterre tout entière :

« — Je suis heureux d'offrir à M. Berryer le juste tribut d'admiration que méritent les actes si honorables dont sa vie est remplie ; car sa personnalité est grande, non seulement par ses actes, mais plus encore par son dévouement aux principes indestructibles qui constituent un barreau libre et indépendant, obligé par les plus hautes considérations de faire entendre la voix de la vérité en toutes circonstances. »

Ce ne fut pas sans émotion que Berryer se leva dans cette assemblée et parla devant la fleur de la magistrature anglaise. Après avoir fait en termes choisis l'éloge du barreau anglais, il ajouta :

« .... Vous daignez me complimenter sur les travaux de ma vie. J'avoue que je me sens humilié quand je me rappelle ce que furent les avocats anglais, ceux qui m'ont honoré de leur amitié, ce que furent lord Lyndhurst que nous pleurons tous, et cet autre grand homme qui a

Berryer écrit ses adieux au roi.

voulu m'initier à toutes les grandes choses de ce pays, ce noble propagateur de tous les progrès, de toutes les institutions libérales même dans cette libre Angleterre, ce grand homme que je salue, lord Brougham.

« Après cinquante ans de travaux, j'ai reçu de mes confrères de France un témoignage de fraternelle sympathie. Mais là, j'étais au milieu des miens. J'étais soutenu par cinquante années de relations amicales.... Mais près de vous, je ne saurais dire ce que je sens. Si, laissez-moi dire ce que j'éprouve en ce moment : il me semble que c'est la voix de la postérité que j'entends tomber de vos lèvres!... » (*Applaudissements prolongés.*)

Deux jours plus tard, c'étaient encore de nouvelles manifestations. Berryer assistait au banquet annuel du Lord-maire et son entrée fut saluée par de chaleureuses acclamations. Après le toast à la reine, lord Palmerston, chef du gouvernement, termina son discours par ces paroles flatteuses à l'adresse de Berryer :

« .... Je vous félicite, Milord-maire, d'avoir en cette occasion solennelle, parmi la nombreuse assemblée d'hommes distingués assis à votre table,.... un étranger de la plus haute distinction, M. Berryer (*applaudissements prolongés*); cet homme qui a atteint le point culminant de l'apogée de la gloire dans son pays, dont le nom est européen, sans rivaux dans le barreau, aussi respecté qu'estimé pour la dignité de son caractère, pour l'élévation de son esprit et la noblesse de ses sentiments, qualités indispensables, lorsqu'elles sont jointes comme en lui, au talent et à l'éloquence, pour faire du caractère d'un avocat et même de tout autre homme un modèle de perfection.

« Je suis vraiment heureux, Milord-maire, que vous ayez l'occasion de rendre hommage aux talents et aux capacités intellectuelles du peuple français, en recevant à votre table celui qui est l'un de ses plus dignes représentants comme intelligence, et j'ajouterai, comme patriotisme. »

A lord Palmerston succéda le Lord-maire qui lui aussi fit l'éloge de son hôte, et Berryer répondit avec tact et à propos. Il sut plaire aux Anglais sans les flatter, et ne pas mécontenter le gouvernement de sa patrie.

A sa rentrée en France, ses amis le félicitèrent de ce voyage triomphal; Montalembert lui écrivit cette lettre qui résume les impressions de cet évènement :

« .... Maintenant que le bruit des applaudissements de toute l'Angleterre intelligente et libérale s'est un peu calmé autour de vous, laissez-moi venir à mon tour et tout bas vous dire combien j'ai joui de votre triomphe. J'en ai joui d'abord pour vous, parce que l'admiration et la reconnaissance que vous m'inspirez, comme à tant d'autres, se sont de plus en plus transformées en vive et tendre affection pour vous, et qué rien de ce qui vous arrive d'heureux ou de malheureux ne saurait plus m'être indifférent. J'en ai joui ensuite pour la grande cause que vous êtes allé représenter là-bas, la cause de *l'honneur*, de la probité, de la dignité humaine, servie par une parole incomparable.... Jugez donc du bonheur que j'ai éprouvé en voyant les Anglais saluer avec un enthousiasme loyal et sincère un homme qui ne les a jamais servis, ni flattés. C'est la première fois que cela leur arrive à ma connaissance. Il n'y avait qu'un Berryer qui pût remporter une pareille victoire!... »

Ce trait final tombé des lèvres de Montalembert donne la mesure de l'admiration qui s'attachait au talent et au caractère du grand homme; il marque la vraie place que l'orateur a occupée dans son temps. Partisan d'un régime déchu, mais défenseur du droit et de la justice dans tous les partis, Berryer sut s'entourer d'une auréole d'estime et d'influence qui a appartenu à bien peu d'hommes. Aidé par un talent de premier ordre, il a pu se faire entendre partout et toujours, criant à tous la voix du devoir et traçant le chemin de l'honneur. Peu nombreux sont ceux qui ont rendu de pareils services à leur pays; Berryer eut cet honneur et ce sera sa gloire incomparable.

Naguère le Souverain Pontife Léon XIII s'entretenait avec un de nos cardinaux français des destinées de notre pauvre patrie. Ils déploraient ensemble les malheurs sous le poids desquels elle gémissait et se demandaient où elle pourrait trouver le salut. Tout à coup, se tournant vers le cardinal, Léon XIII s'écria : « Il vous faudrait une grande voix qui parlât à la France ! » Et après un moment de silence, le Chef de l'Eglise levait les bras au ciel en disant : « Où est Berryer ? Où est Berryer ? »

Jamais éloge plus flatteur n'avait encore salué la mémoire du vaillant défenseur du droit et de la liberté, jamais voix plus autorisée n'avait rendu justice à son noble caractère et à son dévouement sans limite, jamais son action et sa mission n'avaient été reconnues aussi officiellement et par un meilleur juge.

Hélas ! Berryer n'est plus et si la cause du bien trouve encore des apôtres, ils n'ont pas ce mâle accent et cette force convaincue que donnaient à l'orateur un passé si fidèle et un talent si reconnu.

II

Le moment approchait où la voix du grand lutteur allait être réduite au silence. En 1865, Berryer avait donné sa dernière plaidoirie en faveur de la famille de Montmorency ; à soixante-quinze ans, n'ayant pu résister à l'appel de ses anciens électeurs de Marseille, il montait à la tribune pour combattre l'expédition du Mexique.

Mais les forces déjà trahissaient son ardeur. Au mois de novembre 1868, le mal qui devait l'emporter, empira, et le P. de Pontlevoy qui avait reçu du P. de Ravignan, mourant, la mission de diriger l'âme de Berryer, s'approchait du lit du malade pour lui conférer la sainte Eucharistie et l'Extrême-Onction.

C'est avec un calme et un sang-froid sublimes que le vaillant chrétien vit arriver l'heure suprême. Il est vrai que depuis longtemps il y songeait; à sa campagne d'Augerville, il s'était préparé dans le cimetière une dernière demeure, qu'il aimait à faire visiter à ses amis en leur disant :

« Venez, je veux vous montrer la pierre sous laquelle reposera mon cœur. »

Au frontiscipe du caveau modeste, on lisait ces mots qu'y avaient gravés sa foi et son espérance :

« *Expecto donec veniat immutatio mea* (1). »

A mesure que le terme approchait, la pensée du chrétien s'élevait vers l'autre vie et s'aidait par une lecture plus fréquente de l'Evangile. Quand donc le P. de Pontlevoy se présenta, il l'accueillit comme un ami en lui disant :

« Ah! mon bon Père, c'est Dieu qui vous envoie! » Et pendant une grande heure il resta seul avec le prêtre. Puis la chambre se rouvrit pour quelques amis qui assistèrent à l'administration des Sacrements. Le malade offrit lui-même ses membres aux saintes onctions; en découvrant sa poitrine, il cherche la médaille qu'il porte habituellement et ne la sent plus, et l'orateur dont la foi avait toujours gardé quelque chose du charme de l'enfance, s'écrie d'une voix forte :

« Où est ma médaille? Je veux ma médaille!... »

On la retrouve et on la lui donne à baiser, puis le religieux s'approche :

« Mon bien cher ami, lui dit-il, je vous présente et je vous laisse le Dieu de votre première Communion. Le reconnaissez-vous? »

Le malade, avec un doux sourire, fait sans parler un grand signe de tête, et le prêtre continue :

« Oui, c'est bien lui, toujours le même, toujours cons-

(1) J'attends le grand jour de la résurrection.

tant, quand même nous ne sommes pas fidèles. C'est lui qui pardonne et qui bénit ; c'est lui qui reste seul quand tout passe, et qui nous prend et nous recueille quand nous nous en allons nous-mêmes.

« Ah ! mon très cher fils, laissez-moi donc aussi vous présenter à Lui. Seigneur Jésus, celui que vous aimez, celui qui a toujours cru en vous, qui souvent a si bien parlé de vous, est malade ; *Domine, ecce quem amas infirmatur*. Rendez-lui donc la joie et la vigueur de la santé ; en attendant, donnez-lui la patience et la douceur dans la maladie ; et enfin, au nom de Marie, votre Mère et la sienne, réservez-lui un jour le bonheur qui n'est point de ce monde, et cette gloire qui n'est plus du temps (1). »

La cérémonie était achevée ; et le malade, comme les assistants, restaient plongés dans un profond recueillement. Tout à coup il étend les bras :

« Mes amis ! mes amis ! s'écrie-t-il, où êtes-vous ? »

On s'empresse autour de lui, et chacun lui tend une main qu'il saisit et embrasse vivement, en disant :

« Mes amis ! que je vous aime ! Pardonnez-moi toutes les peines que je vous ai faites. »

L'âme en paix, Berryer songe alors à prendre ses dispositions testamentaires et pendant trois heures, il dicte ses dernières volontés. Puis le soir arrive et le malade reste seul avec la Sœur qui ne quitte pas son chevet. Alors se passe une scène qui achève de peindre le portrait de ce serviteur dévoué à une cause infortunée.

« La nuit venue, raconte M. de Lacombe, quel ne fut pas l'étonnement de la Sœur Aglaé, lorsqu'elle le vit se lever ! Il rangeait des papiers allant et venant dans son cabinet. Effrayée de son imprudence, elle le supplia de se remettre au lit, alléguant la gravité de son état, le pressant de ses remontrances, de ses prières, de ses instances.

(1) *Etudes religieuses*, nov. 1868.

« — Non, non, ma Sœur, lui dit-il, ne m'empêchez pas de faire ce que je dois ; il faut que je fasse mes adieux à mon Roi. »

Et alors, tout chancelant, Berryer s'assied devant sa table, prend une plume ; puis, comme s'il se sentait trop faible pour la tenir, il la rejette loin de lui, en prend une autre, et d'une main mal assurée, il écrit enfin sa lettre, s'arrêtant souvent, les yeux remplis de larmes qui tombent sur le papier, mais portant dans cette action accomplie silencieusement, à la pâle lueur d'une lampe, devant cette religieuse qui le regarde anxieuse et stupéfaite, une grandeur incomparable et comme la majesté de l'heure suprême.

« La lettre, « un des plus beaux cris qui soient jamais sortis de l'âme humaine », a dit M. de Montalembert — était ainsi conçue :

O Monseigneur,

O mon Roi, on me dit que je touche à ma dernière heure.

Je meurs avec la douleur de n'avoir pas vu le triomphe de vos droits héréditaires, consacrant l'établissement et le développement des libertés dont notre patrie a besoin. Je porte ces vœux au ciel pour Votre Majesté, pour Sa Majesté la reine, pour notre chère France.

Pour qu'ils soient moins indignes d'être exaucés par Dieu, je quitte la vie, armé de tous les secours de notre sainte religion.

Adieu, sire, que Dieu vous protège et sauve la France !

Votre dévoué et fidèle sujet,

Berryer.

18 novembre

Et l'esprit satisfait, l'orateur royaliste regagna son lit de douleur. Le lendemain il y eut quelque amélioration,

Berryer voulut en profiter pour aller mourir dans son cher Augerville, où il se savait plus chez lui et plus à l'abri des manifestations que lui ménageait la capitale.

C'était là dans ce château aménagé à ses goûts et à ses occupations, c'était là qu'il avait goûté les plus douces joies du cœur, c'était là qu'il voulait mourir. En dépit des conseils de la prudence, il supplia son médecin de le laisser quitter Paris, et celui-ci n'osa pas lui refuser cette dernière consolation.

Quand on apprit le départ du grand homme, ce voyage vers la tombe qui ne manquait pas de singularité mais aussi de grandeur, tous les amis accoururent pour serrer une dernière fois la main de celui qui ne reviendrait plus.

Dans le salon attenant à son cabinet qui lui servait en même temps de chambre à coucher, un groupe nombreux était réuni, attendant le moment où le malade passerait pour se rendre à la voiture. L'émotion était grande et au milieu du silence, dit un témoin oculaire, on entendait de temps en temps sa voix ; il donnait des ordres, indiquait des livres à emporter, parfois se parlait à lui-même.

Soudain la tenture qui séparait les deux chambres s'écarte et Berryer apparaît. Vêtu d'une longue robe de chambre en velours noir, appuyé sur une canne, d'abord hésitant, puis s'avançant d'un pas ferme, il s'approche de ceux qui sont là immobiles, muets, les yeux fixés sur lui ; il les embrasse en appelant chacun par son nom.

Puis l'arrivée de la voiture coupe court aux adieux et quelques heures plus tard, Berryer franchit le seuil de son Augerville chéri. Il revoit ses grands arbres, ses fleurs et ses hautes futaies ; et animé par ce spectacle qui lui fait du bien au cœur, il entre dans la salle où se trouvent tous les portraits de famille. En face de l'image de son père, de sa mère et de sa femme qui l'ont précédé dans la tombe, il est pris d'une émotion trop forte et s'affaisse sur le parquet. On s'empresse pour le relever...

« — Non laissez-moi, dit-il, laissez-moi les regarder. »

Un rayonnement d'amour et de regrets passe dans ses yeux voilés de larmes et on l'emporte comme malgré lui. Avec des alternatives de crise et d'apaisement, le malade put vivre encore quelques jours et recevoir les visites des amis particuliers. Le calme ne l'abandonnait pas, son front restait serein ; il s'étonnait d'être toujours vivant et disait : « Qu'il est donc difficile de mourir ! » Puis :

« J'attends la mort en chrétien, sans la désirer, ni la craindre. »

Une dernière fois, le P. de Pontlevoy vint le voir et récita avec lui la prière que Berryer avait toujours affectionnée : le *Salve Regina*. Quand on arriva aux dernières invocations, les mains du mourant s'étendirent suppliantes vers les cieux et il répéta : *O clemens, o pia, o dulcis virgo Maria,* d'une voix qui déchirait le cœur.

Un peu plus tard il dit ces mots : *In manus tuas, Domine, commendo spiritum meum,* puis la respiration s'embarrassa, l'agitation du dernier combat commença et la vie fut vaincue. Berryer n'était plus. C'était le dimanche 29 novembre 1868.

III

La France apprit cette nouvelle avec une profonde tristesse ; elle n'avait pas ménagé son admiration à Berryer vivant, elle prodigua à Berryer mort les plus touchants regrets. C'est à Augerville que se célébrèrent les obsèques et l'humble hameau fut témoin d'un cortège triomphal, où le laboureur et l'ouvrier coudoyaient les célébrités les plus diverses, accourues sans distinction de parti. Mgr Dupanloup présidait la cérémonie, conduisant ainsi, selon une parole célèbre, « le deuil de l'éloquence et de l'honneur. » Un malentendu ne permit pas au prélat de prononcer l'oraison funèbre du défunt, mais plus d'une voix se fit entendre sur cette tombe ouverte pour célébrer l'orateur « national, » le royaliste fidèle, le défenseur de toutes les causes justes et le chrétien convaincu.

Ce fut M. de Sacy qui exprima la douleur de l'Académie française dans un langage tout empreint de la vérité religieuse et qui trouve ici naturellement sa place :

« Que reste-t-il de M. Berryer, disait-il, malgré tous nos efforts pour lui rendre une seconde vie dans nos souvenirs? N'est-ce pas à une poussière insensible, à de tristes débris qu'il faut cacher dans un cercueil et ensevelir sous une terre profonde, que nous adressons nos regrets ? Oh ! non, Messieurs, M. Berryer a emporté et il nous laisse un meilleur espoir. Il n'était pas de ceux qui pensent que tout finit avec ce corps fragile, avec cette bulle d'air qu'on appelle ici-bas la vie... M. Berryer était chrétien. Nous aussi, nous croyons que tout ce qui faisait son caractère, son talent, sa foi, survit au coup de la mort, et c'est pour cela qu'il nous est permis de voir dans l'hommage que nous lui rendons sur cette tombe, autre chose que la plus vaine des pompes et une cérémonie vide de sens. »

Il n'y eut pas que le cimetière d'Augerville qui retentit de l'éloge du grand homme disparu ; tous les journaux de France et de l'étranger rendirent hommage à sa mémoire ; mais dans ce deuil unanime qui ralliait tous les partis, nul peut-être ne trouva des accents plus délicats, plus tendres et plus vrais que M. Jules Favre :

« Il me semblait, écrivait l'avocat célèbre, que cette grande âme était notre bien et ne pouvait nous être ravie, et j'espérais pour elle un miracle que les illusions de mon amitié avaient toujours rêvé. Maintenant tout est fini ; nous ne verrons plus cette noble et rayonnante figure, ce sourire à la fois viril et charmant, ce regard étincelant et tendre ; nous le chercherons vainement, paraissant au milieu de nous comme un ami indulgent et généreux, se levant comme arraché de son banc par un élan de justice et de vérité, quand l'Assemblée s'abandonnait à une passion qu'il condamnait. Tout en lui était simplicité et grandeur ; sa voix sonore, souvent émue, son geste sobre, son dédain des petitesses, son ardeur contenue, lui donnaient une autorité irrésistible, même sur ses adversaires, auxquels il aurait épargné bien des fautes s'il les eût plus fréquemment avertis. »

Tout le portrait de Berryer est là dans ces quelques lignes précédées du jugement de M. de Sacy. Elles montrent une fois de plus que Berryer fut non seulement un homme d'une parole incomparable, d'une fidélité sans précédent, d'une unité de vie inaltérable, mais aussi un homme dont l'action eut sur son temps la plus heureuse influence.

A la mort de ces êtres privilégiés, l'humanité entière doit prendre le deuil et chercher à recueillir l'héritage de celui que la tombe ravit à ses regards.

C'est pour cela que, par notre faible part, nous avons voulu contribuer à cette œuvre en écrivant à la mémoire de l'homme illustre, des pages qui révéleront aux jeunes générations, le spectacle d'une vie ennoblie à la fois par le talent et par le caractère.

TABLE DES MATIÈRES

Abbeville, imp. C. PAILLART, Editeur des *Brochures illustrées de Propagande Catholique.*

www.ingramcontent.com/pod-product-compliance
Ingram Content Group UK Ltd.
Pitfield, Milton Keynes, MK11 3LW, UK
UKHW022027170726
13837UKWH00001B/453